고전의 숲

두란노 머스트북 5

사막 교부들의 금언록

Les Apophtegmes des Pères

고전의 숲
두란노 머스트북 5

사막 교부들의 금언록

엮은이 | 쟝 끌로드 기
옮긴이 | 남성현
초판 발행 | 2025. 3. 26.
등록번호 | 제1988-000080호
등록된 곳 | 서울특별시 용산구 서빙고로65길 38
발행처 | 사단법인 두란노서원
영업부 | 02)2078-3333 FAX | 080-749-3705
출판부 | 02)2078-3330

책값은 뒤표지에 있습니다.
ISBN 978-89-531-5079-9 04230
       978-89-531-3462-1 04230 (세트)

독자의 의견을 기다립니다.
tpress@duranno.com www.duranno.com

두란노서원은 바울 사도가 3차 전도 여행 때 에베소에서 성령 받은 제자들을 따로 세워 하나님의 말씀으로 양육
하던 장소입니다. 사도행전 19장 8-20절의 정신에 따라 첫째 목회자를 돕는 사역과 평신도를 훈련시키는 사역,
둘째 세계선교TM와 문서선교단행본·잡지 사역, 셋째 예수문화 및 경배와 찬양 사역, 그리고 가정·상담 사역 등을 감
당하고 있습니다. 1980년 12월 22일에 창립된 두란노서원은 주님 오실 때까지 이 사역들을 계속할 것입니다.

고전의 숲
두란노 머스트북 5

Les **Apophtegmes**
des **Pères**

사막 교부들의 금언록

샹 끌로드 기 엮음

남성현 옮김

두란노

차례

Part 1

세속을 떠나
주를 따르기로
마음을 정한 사람들

Part 2

욕망에서
자유로워지는
길

Part 3

순전한 마음으로
헌신한 이들이 맛본
하나님의 신비

¤ **일러두기**

이 책은 두란노아카데미에서 출판한 《사막 교부들의 금언집》에서 선별, 발췌했다.
금언들의 주해는 이 책을 번역한 남성현 교수가 집필했다.

하나님 외에 다른 모든 것을 버린
사막 교부들

금언록, 초기 기독교 영성의 보고

기독교는 1세기 로마제국에서 탄생한 후 약 250년간 십여 차례의 박해에도 불구하고 지속적으로 성장했다. 4세기 초반 콘스탄티누스 황제(306-337) 때에 이르러 로마제국은 기독교와 결합하기 시작했고, 4세기 후반 테오도시우스 황제(379-395) 시대에는 '기독교 로마제국'으로 거듭난다. 이렇게 노예의 종교가 주인의 제국을 정신적으로 정복하던 시기에 발맞추어 보다 영적인 삶에 헌신하는 수도적 영성(Monastic Spirituality)이 이집트에서 꽃피었다. 이후 수도주의 영성은 유대(팔레스타인) 지역과 소(小)아시아(오늘날의 튀르키예 지역)를 거쳐 이탈리아

반도와 갈리아(프랑스) 등 로마제국의 서쪽 전역에 급속도로 확산되었다. 이처럼, 바야흐로 동트기 시작한 기독교 로마제국의 시대는 새로운 영성의 시대이기도 했다. 4세기에 꽃피기 시작한 기독교 시대는 6세기 유스티니아누스 황제 시대에 안정적인 형태로 뿌리내린다.

《사막 교부들의 금언록》은 4-5세기 초기 기독교 영성을 증언하는 보고(寶庫)다. 사막 교부(Desert Fathers)란 주로 이집트의 사막과 유대 광야 등 사막에 정주(定住)하며 일평생을 기도와 노동으로 살아가던 신앙의 선각자들을 일컫는다. 대표적인 인물로는 안토니오스와 그의 제자들인 마카리오스, 암모니오스 등이 있다.

사막 교부의 아버지로 불리는 안토니오스는 17세의 나이에 영적 삶을 시작하여 356년 105세를 일기로 이집트의 깊은 사막에서 세상을 떠날 때까지 기도와 자기성찰에 헌신했다. 암모니오스는 이집트의 니트리아와 켈리아에, 마카리오스는 스케티스에 각각 정주했는데, 이런 지역은 사막이지만 땅을 파면 물을 얻을 수 있었기에 적게는 수백 명에서 많게는 수천 명의 수도자들이 모여 살았다.

이 외에도 파코미오스(290-346년경)는 피라미드의 고장인 이집트 테베 부근의 버려진 마을에서 공동생활을 창시하였고, 그보다 한 세대 뒤에는 바실리오스(339-378)라는 인물이 소(小)아시아에서 공동체 생활을 강조하는 공주(共住)수도원을 조직하였다. 《사막 교부들의 금언록》에는 이런 다양한 영성가들의 일화나 구전 전승 외에도, 알렉산드리아 교회의 감독 테오필로스, 소(小)아시아에 위치한 나지안주스 교회의 감독 그레고리오스 등 교회 지도자들의 가르침과 일화도 포함되어 있다.

이집트 사막의 여러 정주지 중에서 특별히 스케티스라는 지명이 금언록에 80여 회나 등장하는 것으로 보아 문서화 작업이 스케티스에서 가장 활발했던 것으로 보이며, 대략 5세기 후반 경에 이르러 금언록은 현재 전승된 형태로 편집된 것으로 추정된다. 금언록은 주제별로 유사한 금언을 편집한 주제별 모음집과 수도자들의 이름에 따라 알파벳 순으로 정리된 모음집이 있다. 이 책은 독자들이 보다 수월하게 사막 영성에 접근할 수 있도록 주제별 모음집을 간추린 것이다.

4세기에 탄생한 수도주의 영성의 핵심은 "마음이 청결(깨끗)한 자는 복이 있나니 그들이 하나님을 볼 것"(마 5:8)이라는 말씀으로 요약된다. 인간 영혼이 하나님을 만날 때에 더없는 행복에 도달한다면, 하나님을 만나기 위해서는 마음이 깨끗해야 한다. 사막 교부들은 이 말씀에 따라 깨끗한 마음에 도달하기 위한 지난(至難)한 영적 실험을 이어나갔고, 이들의 체험과 가르침, 신학적 사유와 자기 성찰은 이 시기의 많은 저술을 통해 표현되었다. 그 중에서 357년에 씌어진《안토니오스의 생애》, 4세기 말에 에바그리오스가 저술한《실천학》, 5세기 말에 편집된《사막 교부들의 금언집》은 사막 교부 영성의 정수를 집약한 영성의 3대 고전으로 꼽힌다.

4-5세기 초기 기독교 시대의 영성가들은 '깨끗한 마음'에 도달하기 위해서는 크게 네 가지 틀이 필요하다고 보았다. 복음적 가난, 영적 혼인, 기도와 노동, 사회적 약자에 대한 보호 등이다. 영적 삶의 네 가지 틀은 모두 성경 말씀에 근거한다. 부자 청년이 예수님께 어떻게 해야 완전해질 수 있는지를 묻자 예수님은 '소유를 팔아 가난한 사람에게 나누어 주고 하늘나라에 보화를 쌓고 제자가 되라'(마 19:21)고 하셨다. 사막 교부들은 이 말씀에 따라 사적 소유의 포기를 제자도의 관문으로 이해했다. 자기 목숨까지도 미워하고 자기 십자가를 지고 그

리스도를 따라야 한다는 누가복음 14장 26-27절의 말씀은 혼인을 거부하고 일평생 독신을 유지하며 그리스도의 영적 신부로 살아가는 것으로 해석했다. 이에 더해, '쉬지 말고 기도하라'(살전 5:17)와 '일하지 않는 자는 먹지도 말라'(살후 3:10)는 말씀을 토대로 기도와 노동을 결합하였다. 특별히, 공동생활을 하던 수도자들은 노동의 잉여물로 병들고 가난하고 헐벗은 자들을 돌보라는 그리스도의 명령(마 25:35-40)을 소중하게 받들어 병원 설립을 주도했다. 이러한 영적 삶의 외적인 이상 중 기도와 노동, 사회적 약자를 위한 보호는 현재까지도 유효하지만, 가난의 이상과 독신주의는 그로 인해 야기된 사회문제로 인해 16세기 종교개혁 이후 빛이 바랜 채 행간의 울림만 남아 있다.

초기 기독교 영성의 틀은 근본적으로 성경말씀에 근거한 것이지만 다른 한편으로 그리스·로마 문화가 이룩한 고전적 인간상에 대한 도전이기도 했다. 로마법은 사적 소유권의 보호를 고도로 발전시켰으며, 그리스·로마 문화는 노동을 노예의 일로 천시하고 학문을 위한 여가를 중시하였다. 도시의 번영과 발전을 위해 중산층 이상의 계층을 중시하고 가난하고 병든 자들을 불필요한 존재로 여겼다. 기독교 초기 영성은 사적 소유의 포기, 노동과 기도의 동화, 사회적 약자에 대한 도움이란 삶의 틀을 제시하면서 그리스·로마 문화가 이룩한 고전적 인간상에 도전장을 내밀었던 것이다.

초기 기독교 영성은 삼위일체 교리와 함께 로마 문명의 보수성에 맞서는 혁신적이고 진보적인 정신으로 등장하였고 제국의 사회문화 전반에 빠른 속도로 스며들었다. 이 과정에서 사막 교부들의 영적 싸움은 4세기 말경 에바그리오스라는 인물을 통해 '사념론'(혹은 마귀론)이라는 영성신학의 탄생으로 이어졌다. 그는 인간의 내면을 위협하는 마귀와의 전쟁에서 이기는 방법에 집중했다. 에바그리오스는 카파도키아 정통주의 교부들의[1] 제자인 동시에 이집트 사막에서 생의 마지막 시기를 보내며 안토니오스 이후의 영성을 몸소 체득한 사막 교부였다. 에바그리오스는 삼위일체 정통주의의 토대 위에서 고전 문화의 지적 체계를 차용하여 사막의 영적 체험을 신학화하는 데 성공함으로써 서양 기독교 문명의 바탕이 되는 영성신학의 패러다임을 후대에 전해 주었다. 주로 이집트의 농부들이었던 사막 교부들과 달리 학자 출신의 에바그리오스는 사막 영성을 체계화시켰다.

에바그리오스는 사막 교부의 영성을 신학화함에 있어서 플라톤 철학의 '영혼의 삼분법'과 스토아 철학의 '초탈'(apatheia, 평정)의 개념을 이용하였다. 플라톤은 《국가》에서 머리에 '지혜'(지성)가, 가슴에 '용기'가, 배에 '절제'가 있을 때 정의로운 인간이 된다고 가르치며, 소위 서양 사회문화의 윤리적 기초인 지혜, 용기, 절제, 정의라는 네 가지 덕목을 중시했다. 에바그리오스는 플라톤의 가르침을 변형하여 가슴의 화(火, 분노)와 배의 욕망을 정화한 뒤에야 하나님을 볼 수 있다고 하였다.

스토아 철학은 영혼이 외적 사건에 동요하지 않고 초연하게 이성에 따른 판단을 내리는 것을 목표로 하였는데, 에바그리오스는 영혼의 동요 혹은 평정 등의 개념을 스토아 철학에서 빌려왔다. 그리하여 인간 영혼이 가슴과 배, 즉 화와 욕망을 정화하여 영혼이 동요에서 벗어나서 내적 고요(평정)에 도달할 때에 지성이 하나님을 볼 수 있다고 하였다.

---

1 '카파도키아 정통주의 교부들'은 로마제국의 속주 카파도키아 출신으로 4세기 후반 삼위일체 정통주의 교리의 확립에 큰 영향을 끼친 카이사레아의 바실리오스, 나지안주스의 그레고리오스, 닛사의 그레고리오스 등 3명의 신학자를 가리킨다.

이에 따라 마태복음 5장 8절의 깨끗한 마음은 가슴의 화와 배의 욕망을 정화하는 것으로 설명되었고, 하나님을 만나는 영적 체험은 정화된 영혼(지성)이 평정(내적 고요)에 이르러 하나님을 만나는 것으로 이해되었다. 에바그리오스의 영성신학은 그의 독창적인 사상이 아니라 사막 교부들의 영적 체험과 신학적 반성을 헬레니즘의 지적 체계를 통해 종합한 것이다. 초기 영성신학은 플라톤 주의와 스토아 주의를 차용하여 신학적 체계를 수립했고, 이후 기독교 영성은 그리스·로마 문명을 딛고 기독교 문명을 탄생시키는 데에 크게 기여하였다.

사막 교부들은 영혼을 돌보는 것을 가장 위대한 일로 생각하였다. 많은 금언들은 영적 삶에 대해서 제자들이 질문하고 영적인 스승인 '압바'('영적 아버지'라는 의미) 혹은 '암마'(영적 어머니)가 대답하는 형식으로 되어 있다. 이들은 주중에는 자신의 수실에서 기도와 노동에 전념하다가 주말에 함께 모여 예배와 성찬식을 하였고 영적인 삶에 대해서 질문과 대답을 주고받았다.

영혼을 돌보기 위해서는 무엇보다 기도 속에서 자기 자신의 생각(logismoi, 로기스모이) 혹은 사념(邪念)을 살펴보는 것이 중요했다. 욕망이 생기는 배를 절제하지 못하면 탐식, 성(性)적 부정(不貞), 탐욕(돈에 대한 사랑) 등의 사념이 생기며, 이런 욕구가 충족되지 못할 때에 슬픔이나 화(火, 분노)가 생긴다. 태만, 허영, 교만 등은 보다 복잡한 사념이다. 여러 사념 중에서 특히 화는 기도를 가로막아 하나님과의 관계를 단절시키는 해로운 사념임으로 영적 훈련을 통해서 화를 절제하는 법을 익혀야 한다.

그런데 마귀는 여러 가지 사념을 사용하여 인간 영혼을 동요시켜 (pathos, 파토스) 하나님과의 교통인 기도를 방해한다. 그러므로 생각 속에서 이런 사념을 제거하고, 이런 사념을 부추기는 마귀와 싸워 기도 속에서 하나님께 이르는 것이 사막 교부들의 평생에 걸친 과업이었다. 이런 의미에서 초기 영성신학은 사념론인 동시에 마귀론이다. 사막 교부들의 금언에는 이런 신학적 체계가 전제되거나 혹은 가공되지 않은 원석처럼 반영되어 있다. 에바그리오스는 이집트 사막을 배경으로 하는 영성신학을 체계화했기 때문에 대표적 사념을 여덟 가지로 제시하였지만, 현대적 적용을 위해서는 사회·문화·역사적 배경에 따라 지배욕, 아첨, 속임수, 갑질 등의 여러 가지 사념이 추가될 수도 있을 것이다.

만약 떠오르는 생각이 여러 가지 잡다한 일상적 일이거나 혹은 과거에 대한 기억일 경우, 분심(分心)이라고 번역할 수도 있다. 기도할 때에 마귀는 분심을 불러 일으켜서 기도를 더럽힌다. 이렇게 사막 영성의 특징적 개념인 '생각'(logismoi)이란 단어는 우리말로 생각, 사념, 분심 등으로 다양하게 번역될 수 있다. 생각이 깨끗하게 비워진 상태, 즉 사념(邪念)도 없고 분심(分心)도 없는 내적 고요 혹은 '평정'(平靜, apatheia)의 상태에서 기도해야 지성이 하나님을 만날 수 있다. 내적 고요 혹은 평정의 상태는 스토아 철학에서 말하는 냉철하고 차가운 지적 초연함이 아니라 사랑과 기쁨, 감사와 평화, 겸손과 확신이 가득 찬 상태, 달리 말하면 하늘나라를 미리 맛보는 것에 비견될 수 있다.

사막 교부들의 영적 체계, 보다 정확하게 에바그리오스가 정립한 팔사념(八邪念)은 중세에 이르러 교만을 바탕으로 하여 슬픔을 제거하고 시기를 넣음으로 '칠사념'(Seven Deadly Sins)이 되었고, 근대 기독교를 거쳐 현대 서양문명에 커다란 영향을 끼쳤다. 유교가 인간관계 중심의 윤리 체계에 머무는 것과 달리, 서양 기독교 신학은 윤리(사념의 제거)와 기도(관상)가 결합되어 있는데 이것은 초기 영성신학의 공로라고 할 수 있다. 초기 영성신학의 사념론은 정치경제적 차원이나 사회국가적 차원이 결여되어 있어서 단지 개인의 영적인 삶에만 관심을 가진다는 측면에서 한계가 있다. 그러나 사회국가적 차원의 정화는 개인 영혼의 정화와는 다른 영역으로서 별개의 법칙이 적용되기 때문에 초기 영성의 가치가 평가절하되어서는 안 될 것이다. 부디 이 책을 통해 독자들이 초기 기독교 영성의 정수를 접하고 이를 통해 하늘나라를 향해 가는 순례자들로서 보다 깊은 영적 샘물을 마시길 소망한다.

남성현

예수 닮아 가기에
일평생을 바친 이들의
깨달음

이 책에는 복되고 거룩한 교부들의 고결한 덕과 경이로운 삶의 방식 및 말씀이 적혀 있다. 이 책의 목적은 천상의 삶을 온전하게 이루려고 그 길을 부단히 걸어가는 이들을 격려하고, 가르치며, 인도하는 데 있다.

거룩한 교부들은 세상을 초월한 신적 사랑으로 불타올랐으며, 복된 수도자의 삶을 열렬히 지지했던 스승들이다. 그들은 누군가에게 보여 주기 위한 삶을 살지 않았고 세상 사람들이 아름답고 가치 있게 여기는 것을 아무것도 아닌 것으로 간주했다. 그리스도의 길을 따랐던 그들의 고결한 행동은 대부분 겸손으로 가득 차 있어서, 사람들의 눈에 띄지 않고 감추어졌다.

우리에게 그들의 고결한 삶을 세밀하게 묘사해 줄 사람은 없다. 단지 그들의 고결한 말과 행동 중 일부분이 글로 남았을 뿐이다. 그들의 기록은 무언가를 이야기하기 위해서가 아니라 뒤따르는 자들에게 교부들을 본받도록 독려하기 위함이었다. 그들은 이야기 형식을 빌려 교부들의 무수한 말씀과 고결한 행동을 단순하고 꾸밈없는 문체로 설명했다. 많은 사람에게 유익을 주려는 단 하나의 목표를 생각하고 말이다.

하지만 많은 이야기들이 질서 없이 뒤섞여 있는 데다 단편적으로 흩어져 있어서 독자들이 그 의미를 손쉽게 포착할 수 없었다. 이런 까닭으로 우리는 이야기들을 장별로 제시하고 같은 의미를 갖는 말씀을 한 데 모음으로써 독자들이 내용이나 주제 등을 쉽게 파악할 수 있게 했다.

안토니오스는 "겸손은 악마의 모든 덫을 피한다"라고 했다. 다른 이는 "겸손은 높은 데 서 있는 생명나무다"라고 했다. 또 다른 이들은 "겸손은 성을 내지 않으며 어떤 자도 성나게 하지 않는다"라고 하거나 "다른 사람에게 겸손하게 '나를 용서하십시오'라고 말하면 마귀들이 화를 낼 것이다"라고 했다. 독자는 이런 말씀에서 진실한 겸손을 구하며 위로를 받게 된다. 다른 장에서도 똑같은 것을 발견하게 될 것이다. 장(章) 전체의 순서, 특히 각 장의 순서는 독자들에게 유익하도록 배치했다.

교부들의 다양한 말씀을 담은 각 장에는 화자가 확인된 것도 있고, 그렇지 않은 것도 있다. 확인된 것은 알파벳 순서대로 배열했다.

만약 교부들의 이름이 사라지면 그 이름으로 시작되는 말씀도 사라진다.

전체 장의 연결은 쓸모없거나 우연히 된 것이 아니다. 그것은 정신을 집중하려는 자에게 큰 유익이 있을 것이다.

완전한 덕으로 나아가도록 거룩한 교부들이 권면한 첫 장 이후에는, 수도자들이 특별히 행했던 덕행, 곧 내적 고요, 자책, 자기 절제 등이 나온다(2-4장). 그 다음으로 더욱 완전한 덕들이 조금씩 묘사된다. 그 이후에는 공동체에 유익한 것과 함께 살아가는 자들을 완전하게 만들어 주는 것, 공동체의 삶에 합당한 것, 곧 순종과 겸손과 사랑 등으로 나아간다(14, 15, 17장). 순종이나 사랑, 겸손보다 더 크고 유익하며 고상한 것은 없다.

뒤이어 다른 덕행들이 뒤따른다. 그것은 고결한 행동이라기보다 커다란 은사라 할 수 있다. 계시를 받는 것과 하나님의 말씀을 해석하는 것, 표적을 행하고 능력을 행하는 것 등은 인간의 노력이라기보다는 하나님의 선물이다(18-19장). 그러므로 이런 은사들 가운데에서 마땅히 사람들과 완전히 동떨어져 지내는 것, 늘 벗고 살아가는 것, 채소를 먹는 것을 중시해야 한다. 이런 주제들을 통해 거룩한 교부들이 어떻게 하나님을 섬겼는지, 또한 하나님께서 순전한 마음으로 자신에게 헌신한 자들을 어떤 표적으로 영화롭게 하셨는지 보게 될 것이다(20장).

이 책 전체는 교부들의 잠언으로 끝난다. 이것은 마지막을 장식하는 꽃다발과 같다(21장). 각 장은 다음과 같은 내용을 담고 있다.

· 완전한 덕을 위한 교부들의 권면에 대해.
· 온 힘을 다해 이뤄야 하는 내적 고요에 대해.

- 자책(自責)에 대해.
- 음식뿐 아니라 육의 모든 것에 대한 절제에 대해.
- 부정(不貞)한 생각과 싸울 때 힘을 얻기 위한 방법에 대해.
- 가난에 대해.
- 인내와 용기에 대해.
- 보여 주기 위해서 행하지 말아야 함에 대해.
- 판단하지 말아야 함에 대해.
- 분별에 대해.
- 항상 깨어 있음에 대해.
- 끊임없는 기도에 대해.
- 손님을 즐겨 맞이하는 인자한 마음에 대해.
- 순종에 대해.
- 겸손에 대해.
- 악을 참아 견딤에 대해.
- 사랑에 대해.
- 초자연적 통찰을 행하는 원로들에 대해.
- 기적을 행하는 원로들에 대해.
- 고결한 삶에 대해.
- 수덕을 행하며 노년을 맞이한 자들의 숭고한 덕을 요약해 주는 금언에 대해.

〈사막 교부들의 활동 지역〉

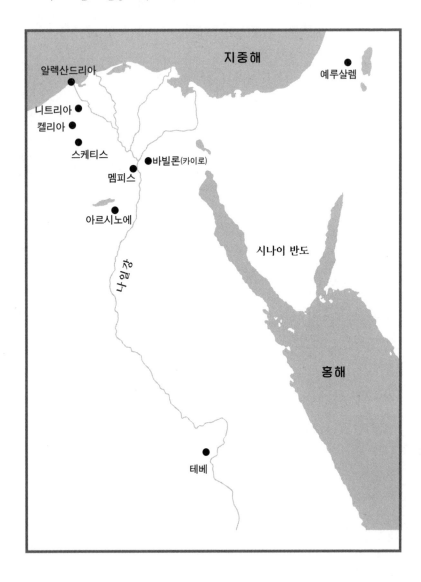

마음이 청결한(깨끗한) 자는 복이 있나니
그들이 하나님을 볼 것임이요.
마태복음 5장 8절

Les Apophtegmes
des Pères

4-5세기, 사막 교부들은 예수 그리스도를 닮아가기 위해
이집트의 니트리아와 켈리아, 스케티스 사막에 정주하며
일평생을 기도와 노동과 말씀으로 살아갔다.

Part 1

세속을 떠나 주를 따르기로
마음을 정한 사람들

Les Apophtegmes des Pères

1

완전한 덕을 향한
교부들의 권면

마음이 깨끗한 자의 복

완전한 삶이란 하나님을 기쁘시게 하는 삶이다. 완전에 이르기 위해 서는 자기 바깥에 있는 것과 싸울 것이 아니라, 자신의 몸과 살, 그리 고 그 몸과 살이 일으키는 사념과 싸워야 한다.

1 어떤 사람이 물었다. "제가 무엇을 지켜야 하나님을 기쁘게 할 수 있나요?" 이에 압바 안토니오스가 대답했다. "어디를 가든 항상 그대 눈앞에 하나님을 모시고 사시오. 거룩한 성경이 말하는 바를 지키시오. 그대가 어디에 살든지 경박하게 옮겨 다니지 마시오. 이 세 가지를 지키면 구원받을 것이오." (안토니오스 3)

2 "자유의 법은 진리 전체를 가르쳐 준다. 많은 자들은 지식으로 이 법을 읽으려 하고, 소수의 사람들은 계명을 행하는 것과 관련하여 이 법을 생각한다. 인간적인 덕으로 자신의 완덕을 추구하지 마라. 완전한 덕행이란 그리스도의 십자가 속에 숨겨져 있는 것이다." (마르코스)

3 한 형제가 원로에게 물었다. "제가 어떤 선한 일을 행해야 할까요?" 원로가 대답했다. "무엇이 선인지는 하나님만 아신다네. 나는 한 교부가 대(大) 니스테로스에게 그대와 동일한 질문을 하는 걸 들은 적이 있네. 그때 그분은 이렇게 대답했다네. '모든 일이 다 같은 것이 아니던가? 성경에 이르기를 아브라함은 손님 대접

하기를 좋아해서 하나님께서 그와 함께하셨네(참고 창 18:2 이하).
엘리야는 고요를 사랑했기에 하나님께서 그와 함께하셨고, 다
윗은 겸손했기에 하나님께서 그와 함께하셨네. 그러니 하나님
의 뜻을 따라 그대 영혼이 무엇을 갈망하는지 알아야 하네. 그
리고 그것을 행하며 그대의 마음을 지키게.'"   (대 니스테로스)

4   압바 팜보가 압바 안토니오스에게 물었다. "제가 무엇을 해야
하는지요?" 원로가 대답했다. "자신의 의로움을 확신하지 마시
오. 지나간 일을 후회하지 마시오. 혀와 배를 절제하는 자가 되
시오."   (안토니오스 6)

5   복된 그레고리오스가 말했다. "세례를 받은 각 사람에게 하나님
은 세 가지를 요구하신다. 영혼에 대해서는 올바른 믿음, 혀에
대해서는 진실함, 그리고 몸에 대해서는 절제이다."
                                                          (그레고리오스 1)

6   어떤 사람이[1] 전한 한 교부의 말이다. "보다 마른 음식을 규칙적
으로 먹고, 이에 사랑까지 더한다면 수도자는 더 빨리 평정(平靜)
의[2] 항구로 인도받을 것이다."   (에바그리오스 6)

---

1. 필사자는 에바그리오스라는 이름을 지워버렸다. 그러나 라틴어 번역은 에바그리오스의
   이름을 갖고 있으며 따라서 라틴어 번역의 모델이 되는 그리스어 사본에는 에바그리오스
   의 이름이 보존되어 있었음을 추론할 수 있다. 이 금언은 에바그리오스의 《실천학》 91장
   에 나온다.

2. apatheia(아파세이아). 초탈(超脫)이라고 번역할 수도 있다.

7 "수도자의 생명이란 일과 순종과 기도와 판단하지 않는 것과 악담하지 않는 것과 불평하지 않는 것이다. 기록된 바 '주님을 사랑하는 사람들아, 너희는 악을 미워하여라'[3]라고 했다. 수도자의 삶은 불의한 것은 건드리지 않고, 악한 것은 눈으로 보지 않으며, 남의 일에 끼어들지 않으며, 이상한 것은 듣지 않으며, 손으로 훔치지 않고 오히려 주며, 마음으로 교만하지 않고, 생각으로 악을 범하지 않고, 배(腹)를 가득 채우지 않으며, 모든 것을 분별 있게 행하는 것이다. 이렇게 해야 수도자이다."

(무명모음집 225)

8 압바 마카리오스가 압바 자카리아에게 물었다. "수도자가 무엇을 해야 하는지 말해 주게나." 자카리아가 대답했다. "사부님, 제게 물으시다니요?" 그러자 압바 마카리오스가 말했다. "내 아들 자카리아, 나는 그대를 무척 신뢰하네." 자카리아가 대답했다. "사부님, 제 소견으로는 모든 일에서 스스로에게 가혹해지는 것, 바로 그것이 수도자가 해야 할 일입니다." (자카리아 1)

9 사제인 압바 이사야가 말했다. "어떤 교부가 말하기를 사람은 무엇보다 하나님에 대한 믿음을 가져야 하며, 끊임없이 하나님을 구하고, 악의가 없기를 바라며, 악을 악으로 갚지 말며, 엄중함과 겸손과 순수함과 환대와 모든 자들에 대한 사랑과 순종과 온유와 오래 참음과 인내와 하나님을 향한 갈망을 가져야 한

---

3. 시편 97편 10절. 시편 본문은 표준새번역을 사용하였다.

다. 또한 마음으로 후회하지 않도록 애쓰면서 진실한 사랑으로 항상 하나님께 간청하며, 다가오는 것에 주의하며, 자신이 이룬 선행, 곧 예배에 대해 자신하지 않으며, 매일 끊임없이 자신에게 일어나는 일에서 하나님의 도움을 구해야 한다." (이사야 23, 1)

10 한 형제가 압바 이사야에게 한 말씀 청했다. 그러자 원로는 이렇게 대답했다. "그대가 우리 주 예수를 따르기 원한다면 그분의 말씀을 지키라. 그리고 그대의 옛사람이 그분과 함께 십자가에 못 박히기 원한다면 그것을 방해하는 자들을 죽을 때까지 멀리하라. 그대에게 악을 행하는 자들을 달래 주고, 그대를 굴복시키기 원하는 자들 앞에서 자신을 낮추고, 입으로는 침묵하며 마음으로는 누구도 판단하지 않도록 하라." (이사야 26, 1)

11 "가난과 노고(勞苦), 낯선 곳에서의 삶, 용기, 침묵은 겸손을 낳는다. 그리고 겸손은 많은 허물을 없애 준다. 이를 지키지 않으면서 세상을 부인하는 것은 헛된 것이다." (이사야 9, 2)

12 "세상에 있는 모든 것과 육체의 휴식을 미워하라. 이것들이 그대를 하나님의 원수로 만들었기 때문이다. 우리는 나태하지 않기 위해 육과 싸워야 한다." (이사야 26)

13 한 형제가 압바 이사야에게 복음서에 나오는 기도에 대해서 물었다. "'이름이 거룩히 여김을 받으시오며'는 무슨 의미입니까?" 압바 이사야가 대답했다. "그건 완전한 자들의 것이라네. 우리

는 늘 동요(動搖)의[4] 지배를 받는데 어떻게 하나님의 이름이 우리에게서 거룩하게 되겠나." (이사야 26, 3)

14   페르메의 압바 테오도로스는 세 가지 근본에서 많은 자들보다 앞섰다고 한다. 곧 가난과 육의 절제와 사람을 피하는 것이다.
(페르메의 테오도로스 5)

15   "주님의 눈에 귀하게 보이는 세 가지가 있다. 비록 병들었다 해도 다가오는 시련을 감사함으로 받아들이는 것과 그 어떤 인간적인 것도 섞지 않고, 주님 앞에서 자신의 모든 일을 순수하게 하는 것, 마지막으로 영적인 아버지에게 순종하며 자신의 모든 뜻을 내려놓을 때다."
(테제 사람 요셉)

16   압바 카시아누스는 위대한 삶을 살았던 수도원장 압바 요안네스라는 분에 대해 이렇게 말했다. "그분은 세상을 떠날 참이었는데 형제들이 그를 둘러싸고, 그리스도 안에서 완덕(完德)으로 나아갈 수 있는 간결하고 유익한 말씀을 유언의 형식으로 자신들에게 남겨 달라고 청했다. 그런데 그는 탄식하며 이렇게 말했다. '나는 결코 내 뜻대로 행한 적이 없다. 나 스스로 무엇을 행하지 않았다는 것 외에 무엇을 가르치지도 않았다.'"
(카시아누스 5)

---

4.   pathos(파토스). 외부의 사건과 사물에 의해 마음이 흔들리는 상태를 의미한다. 비유적으로 표현하면 바람 부는 대로 파도가 치고 나뭇잎이 흔들리는 것과 유사한 심리 상태이다.

17 압바 포이멘은 압바 니스테로스를 일컬어, 이스라엘 백성 중에 누구라도 사막의 구리 뱀을 쳐다보기만 하면 나았듯이(민 21:9 참고) 그 원로 역시 그러했다고 말했다. 모든 덕에 도달했던 그는 많은 사람들을 고쳤다.　　　　　　　　　　　　　　　　(니스테로스 1)

18 압바 포이멘이 말했다. "깨어 있는 것과 자신을 잘 살피는 것, 그리고 분별하는 것이야말로 영혼을 일구는 세 가지 덕이다."
　　　　　　　　　　　　　　　　　　　　　　　　　(포이멘 35)

19 "가난과 시련과 분별은 수도자를 위한 도구들이다. 이르기를 '노아, 다니엘, 욥 이 세 사람이 거기에 있을지라도'(겔 14:14)라고 했다. 노아는 가난의 인물이고, 욥은 시련의 인물이며, 다니엘은 분별의 인물이다. 이 세 가지 실천이 있다면, 그 사람 안에 분명 하나님이 거하신다."
　　　　　　　　　　　　　　　　　　　　　　　　　(포이멘 60)

20 "수도자가 두 가지를 미워한다면 세상으로부터 자유로울 수 있다. 육신의 안락과 허영이다."
　　　　　　　　　　　　　　　　　　　　　　　　　(포이멘 66)

21 압바 팜보가 죽으면서 교부들에게 했던 이야기이다. "내가 이 사막에 와서 독실(獨室)을 짓고 산 이래, 내 손에서 나오지 않은 빵을 먹은 기억이 없고, 지금 이 순간까지 내가 했던 말을 후회한 적도 없지만, 이제 하나님께로 가려 하니 그분 섬기는 일을 시작하지도 않은 것 같구나."
　　　　　　　　　　　　　　　　　　　　　　　　　(팜보 8)

22　"아무것도 아닌 자로 여김 받도록 하라. 그대의 뜻을 그대 뒤로 던지라. 그리고 세상의 염려에 대해 무심(無心)하라. 그러면 안식을 얻으리니."

(시소에스 43)

23　압바 코마이는 죽음이 임박하자 제자들에게 이렇게 말했다. "이단자들과 함께 살지 말라. 관료들과 친분을 갖지 말라. 모으기 위해 그대들의 손을 뻗지 말고 오히려 주기 위해서 뻗으라."

(코마이)

24　한 형제가 삶에 대해서 묻자 원로가 이렇게 말했다. "짚을 먹으라. 짚을 가지고 다니라. 짚 위에서 잠을 청하라. 곧 모든 것을 무시하고, 강철 같은 마음을 가지라."

(에우프레피오스 4)

25　한 형제가 원로에게 이렇게 물었다. "어떻게 해야 하나님에 대한 두려움이 영혼에 오는 것인지요?" 원로는 말했다. "사람이 겸손하고 가난하며 판단하지 않으면 하나님에 대한 두려움이 온다네."

(에우프레피오스 5)

26　"자신이 싫어하는 일을 타인에게 행하지 말라. 어떤 자가 그대에게 나쁜 말을 하는 것이 싫은가? 그대 역시 타인에 대해 나쁜 말을 하지 말라. 사람들이 그대를 비방하는 것이 싫은가? 그대 역시 누구를 비방하지 말라. 어떤 자가 그대를 무시하고 모욕하고 그대의 것을 가져가거나 그와 비슷한 무엇을 하는 것이 싫은가? 이런 일 중 하나라도 다른 사람에게 행하지 말라. 이 말을

지키는 자는 구원받을 만하다." (무명모음집 253)

27 "그대의 마음에 자책과 겸손을 주시도록 하나님께 간절히 구하라. 늘 그대의 죄에 주의를 기울이고, 타인을 판단하지 말며, 자신을 모든 사람보다 낮추라. 여자도 아이도 이단들도 가깝게 대하지 말라. 스스로 확신하지 말고, 그대의 혀와 배를 절제하고 포도주를 삼가라. 어떤 자가 그대와 함께 무슨 일에 대해서 말할 때 그와 다투지 말라. 그가 선하게 말한다면, 그대는 '그렇다'라고 대답하라. 그가 악하게 말한다면, '그대가 어떻게 말하는지 알지'라고만 하라. 그가 말한 것을 놓고 그와 논쟁하지 말라. 그리하면 그대의 생각이 평온해질 것이다." (무명모음집 330)

28 한 형제가 물었다. "생명이란 무엇입니까?" 교부 중 한 사람이 이렇게 대답했다. "진실한 입, 거룩한 몸, 깨끗한 마음, 세상으로 돌아서지 않는 마음, 자신을 책망하며 주를 찬양하는 것, 고요하게 살아가는 것과 주님에 대한 기다림 외에 다른 어떤 것도 생각하지 않는 것이다." (무명모음집 664)

29 원로가 말했다. "온유와 하나님께 맡기는 것과 오래 참음과 사랑을 연습하라. 그래야 수도자가 되기 때문이다."

30 "그리스도인이란 그리스도를 모방하는 자를 의미한다."

(바실리오스, 《대규칙》 43,1)

31 　"나는 사람이 모든 덕행에 참여하기를 원한다. 매일 아침 일어나면서, 모든 덕행과 하나님의 계명을 다시 시작하라. 오래 참음 속에서 경외와 인내를, 하나님 사랑 안에서 영육 간의 열심과 모든 겸손을 행하라. 마음의 고통을 참고 삼가 행하면서, 탄식으로 기도하며 탄원하고, 혀를 정결하게 하고 눈을 삼가면서 다시 시작하라. 무시당해도 화를 내지 말고, 평화를 만들며, 악을 악으로 갚지 말고, 타인의 잘못을 눈여겨보지 마라. 그대 자신이 어느 정도라고 재어 보지 말고 모든 피조물 아래에 그대를 두고, 물질과 육적인 것을 거절(拒絕)하라. 십자가 안에 있으며, 싸우며, 가난한 마음으로 결단하고 영적으로 절제하라. 금식하고, 뉘우치며, 눈물을 흘리라. 영적 전쟁을 싸우고, 분별하며, 영적으로 순수하라. 선을 행하며, 고요한 중에 그대의 손으로 일하고, 밤중에 깨어 있으라. 주림과 목마름과 추위와 헐벗음과 노고(勞苦)를 견디라. 마치 죽은 것처럼, 이미 그대의 죽음이 가까이 이른 듯, 매일 그렇게 무덤 속에서 살아가듯 하라."

(난쟁이 요안네스 34)

Part 2

욕망에서
자유로워지는 길

Les Apophtegmes

des Pères

2

내적 고요에 대한 가르침

세상과 욕망에 흔들리지 않는 마음

내적 고요란 영혼이 평화롭고 흔들림이 없는 상태다. 깊은 기도 속에서 하나님의 뜻을 구하며 올바른 사유로 사물의 본성을 깨닫게 될 때, 영혼은 사랑과 기쁨이 충만하며 세상 일로 동요하지 않는다.

1   "물고기가 물 밖에 오래 머물면 죽게 되듯, 독실 밖에서 얼쩡대거나 세상 사람들과 시간을 보내는 수도자는 내적 고요의 긴장이 풀어지게 된다. 따라서 우리는 물고기가 바다를 향하듯 독실을 향해야 한다. 밖에서 꾸물거리다 내적인 경계를 망각할까 두렵다."

(안토니오스 10)

2   한 형제가 물었다. "내적 고요 안에 사는 자는 무엇을 행해야 하는지요?" 압바 이사야가 말했다. "내적 고요 안에 사는 자는 하나님을 끊임없이 두려워하고, 인내하며 간청할 뿐 아니라 그분을 늘 묵상한다네."

(이사야 26, 3)

3   "사막에 머물며 내적 고요를 누리는 자는 세 가지 전투에서 자유롭다. 곧 들리는 것과 떠벌리는 것과 보는 것과의 싸움이다. 그에게는 오직 하나, 마음과의 싸움만 있다."

(안토니오스 11)

4   압바 아르세니오스가 아직 궁전에 있을 때 이렇게 기도했다. "주님, 내가 구원받도록 인도해 주소서." 그때 한 음성이 그에게 말했다. "아르세니오스야, 사람들을 피하거라. 그러면 구원받을

37

것이다."   (아르세니오스 1)

5   그가 수도적인 삶으로 물러나 같은 말로 다시 기도했다. 그러자
한 음성이 들려왔다. "아르세니오스야, 떠나거라. 잠잠하며 내
적으로 고요하라. 이런 것이야말로 흠 없는 삶의 뿌리이기 때문
이다."   (아르세니오스 2)

6   압바 마르코스가 압바 아르세니오스에게 말했다. "왜 우리를 피
하십니까?" 원로가 대답했다. "하나님은 내가 그대들을 사랑하
는 것을 알고 계신다네. 그러나 나는 하나님과 함께 있으면서
동시에 사람과 같이 어울릴 수 없다네. 위에 있는 모든 것은 오
직 하나의 의지만 갖고 있지만, 세상 사람들은 많은 의지를 가
지고 있지. 그래서 내가 사람과 함께 갈 수 없다네."
                                         (아르세니오스 13)

7   대감독 테오필로스는 언젠가 한 번 더 그에게 가고 싶어서 사람
을 보내어 원로가 문을 열어 줄지 물었다. 그러자 그가 이렇게
답해 주었다. "그대가 온다면 당연히 그대를 맞겠죠. 그러나 내
가 그대에게 문을 열어 준다면, 앞으로 모두에게 문을 열어 주
어야 할 겁니다. 그렇게 되면 나는 더 이상 여기 머물 수 없습니
다." 이 말을 들은 대감독은 "내가 그곳에 가는 게 그를 쫓아내
는 것이라면, 그 거룩한 자에게 더는 가지 않겠다"라고 말했다.
                                         (아르세니오스 8)

8 복자(福者) 테오필로스 대감독이 어느 날 한 관리와 함께 압바 아르세니오스에게 갔다. 대감독은 그에게 한 말씀을 청했다. 얼마간 침묵이 흐른 후에 원로는 그들에게 대답했다. "내가 그대들에게 말하면, 그것을 지키겠소?" 그들이 지키겠다고 약속했다. 원로는 그들에게 "아르세니오스가 어디 있는 것을 듣더라도 그를 찾지 마시오"라고 했다.　　　　　　　　　　(아르세니오스 7)

9 "목욕장의 문이 계속 열려 있으면 열기가 아주 빨리 밖으로 달아난다. 이처럼 영혼이 구구절절이 이야기하고 싶어지면, 설령 선한 것들을 말하게 된다 해도, 영혼의 열기가 언어라는 문으로 달아나는 법이다. 그러므로 적절한 침묵은 정말 아름다운 것이다. 이는 아주 현명한 어머니와 닮았다."

　　　　　　　　　　(디아도코스, 《영적인 백계》 70)

10 "내적 고요를 포기해서는 안 된다. 그것과 비길 만한 것은 어디에도 없다. 먹을 것이 부족한 것은, 오히려 내적인 시선에 예리함을 준다. 게다가 내적 고요와 함께 원수에 대항해 싸우게 한다."　　　　　　　　　　(둘라스 1)

11 "많은 사람들과 교제하는 것을 끊어 버리라. 그리하여 그대의 지성이 힘을 잃지 않고 내적인 고요가 동요되지 않도록 하라."

　　　　　　　　　　(둘라스 2)

12 한 형제가 물었다. "어떻게 해야 독실에서 내적으로 고요할 수

있습니까?" 압바 이사야가 대답했다. "독실에서 내적으로 고요함에 이른다는 것은 하나님 앞에 자신을 던지고, 온 힘을 다해 원수가 심어 놓은 모든 생각과 싸우는 것이라네. 이것이야말로 세상에서 떠나는 것이지." 그 형제가 말했다. "세상이란 무엇인지요?" 원로가 대답했다. "걱정거리로 가득 찬 곳이지. 세상이란 본성에 반(反)하여 행하며, 육에 따라 자기 자신의 뜻을 채우는 곳이기도 하지. 세상은 자신이 이 세대에 사는 것만을 생각하는 곳이라네. 그리고 영혼을 희생하면서까지 육을 돌보는 곳이고, 아주 쉽게 영적인 일을 저버리는 곳이지. 사도 요한도 '이 세상이나 세상에 있는 것들을 사랑하지 말라'(요일 2:15)고 하셨네."

(이사야 21, 3)

13 한 형제가 압바 이시도로스의 집에 왔을 때 그는 독실의 안쪽에 숨어 버렸다고 한다. 형제들이 "왜 그러셨습니까?"라고 묻자 그는 "야생동물도 둥지 속으로 피하면서 목숨을 구한다네"라고 답했다. 그는 형제들의 유익을 위해 이렇게 말하곤 했다.

(이시도로스)

14 한 형제가 스케티스에 있는 압바 모세의 집을 찾아와 한 말씀 청했다. 원로가 그에게 말했다. "떠나라. 자신의 독실에 머물라. 그리하면 그대의 독실이 그대에게 모든 것을 가르쳐 줄 것이다."

(모세 6)

15 "사람들을 피해 사는 자는 잘 익은 포도송이와 같다. 그러나 사

람들과 함께 있는 자는 덜 익은 포도와 같다." (모세 7)

16 압바 마르코스가 말했다. "인식의 바다를 건너가려고 하는 자는 인내하며, 겸손하고, 깨어 있으며, 절제한다. 이런 네 가지와 상관없이 전진하려는 자는 마음이 혼란해져 건널 수 없다. … 내적 고요는 유익하다. 악덕이 힘을 못 쓰도록 하기 때문이다. 기도 중에 이런 네 가지 덕의 도움을 삼는다면, 어떤 것도 이보다 빠를 수는 없다. … 몸을 떠나지 않고서는 정신이 내적 고요에 이를 수 없고, 고요와 기도 없이 정신과 육체의 장벽을 허물 수도 없다." (마르코스 작품 II 27-29)

17 그가 또 말했다. "생각은 보지 않은 것을 받아들일 수 없고, 생각에 있지 않은 것은 상상으로 기억을 움직일 수 없으며, 기억을 움직이지 않는 것은 동요를 일으키지 못한다. 동요가 생기지 않는다면 그의 내면은 깊은 평온함과 커다란 고요함을 맛볼 것이다."

18 "고요를 사랑하는 자는 원수의 화살에도 상처를 입지 않는다. 반면 사람들 속에 섞여 있는 자는 끊임없이 상처를 받게 된다. 내적 평온 속에서 욕망은 지성을 따라 더욱 유순해지고 마음의 동요도 조금씩 잦아들다가 그치게 된다." (네일로스 9)

19 "악의 시작은 방심에서 비롯된다." (포이멘 43)

20 압바 시소에스의 제자인 압바 아브라함이 그에게 말했다. "사부님, 이제 연로하시니, 사람들이 사는 곳 가까이에 가십시오." 압바 시소에스가 대답했다. "여자가 없는 곳이라면 가세나." 제자가 말했다. "사막 말고 여자가 없는 곳이 어디 있겠습니까?" 그러자 원로가 말했다. "그럼, 사막으로 나를 인도하게나."

(시소에스 3)

21 "많은 사람과 함께하면서도 마음으로는 홀로 살아갈 수 있다. 하지만 홀로 살아가면서도 생각을 통해 무리 속에 살 수도 있다."

(신클레티케의 생애 97)

22 서로 친구인 세 명의 동업자가 수도자가 되었다고 한다. 첫 번째 사람은 '화평하게 하는 자는 복이 있'(마 5:9)다라는 말씀에 따라, 싸우는 자들을 화해시키는 일을 선택했다. 두 번째 사람은 병자들을 심방하는 일을 택했다. 그리고 세 번째 사람은 고요히 살려고 사막으로 떠났다. 그런데 첫 번째 사람은 수고했지만 사람들의 다툼 때문에 모두를 화평하게 할 수 없었다. 그래서 낙담한 채 병자를 돌보는 친구에게 갔다. 그런데 그 친구 역시 상심한 채 계명을 온전히 이룰 수 없다는 것을 알게 되었다. 둘은 서로 뜻을 모아 은수자를 만나러 가서 그에게 자신들의 고통을 이야기하며 그가 이룬 것을 말해 달라고 청했다. 얼마간의 침묵이 흐른 후에 그는 대야에 물을 담고 그들에게 말했다. "물을 바라보시게." 물은 요동치고 있었다. 조금 후에 다시 말했다. "이제 물이 얼마나 고요한지 보시게." 그들이 물을 보자 거울을 들

여다보듯 자신들의 얼굴을 비춰 볼 수 있었다. 그때 그는 그들에게 말했다. "사람들 사이에서 사는 자는 흡사 이러하다네. 분주해서 자신의 죄를 볼 수 없다네. 하지만 내적으로 고요하면, 특히 사막에서는, 자신의 부족함을 보게 될 걸세."

(무명모음집 134)

23 "왕래가 잦은 길은 설령 씨를 뿌리더라도 행인들이 그곳을 밟고 지나다녀 어떤 풀이나 싹도 나지 않듯이, 우리도 그러하다. 모든 일에서 물러서라. 그러면 그대는 그동안 밟고 지나다녀서 보지 못했던, 그대 속에 있지만 알지 못했던 것들이 싹트는 것을 볼 것이다."

(무명모음집 463)

24 "사람은 세상의 달콤함을 즐기는 만큼, 하나님의 달콤함을 누릴 수 없다. 하나님의 달콤함을 누린다면 그는 오히려 세상을 미워하게 된다. 기록된 바, '한 사람이 두 주인을 섬기지 못할 것이니'(마 6:24)라고 했다. 우리가 사람들과 왕래하고 육체의 휴식을 원하는 한, 우리는 하나님의 달콤함을 누릴 수 없다. 누군가가 자신의 독실에 머물며 침묵을 훈련하고, 온 영혼으로 하는 기도와 손의 노동에 집중한다면, 그는 이 세대에서 구원받을 수 있다."

(무명모음집 464)

25 "예수를 가까이 모시며 그와 이야기하는 자는, 자신의 독실에 아무도 들여보내지 않는다 해도, 잘 행하는 것이다." (무명모음집 703)

3

자책(自責)에 대한 가르침

애통하며 회개함

자신을 책망하는 것이 자신을 이기는 길이다. 자기 합리화는 자신을 진리에서 멀어지게 하지만, 두려움과 눈물은 진리로 인도한다. 영혼의 의사이신 그리스도께서 우리를 도우신다.

1 "독실에 앉아서 정신을 집중하고 죽음의 날을 기억하라. 그대의 몸이 파멸될 것을 생각하라. 세상의 헛됨을 정죄하고 내적 고요에 머물며 약해지지 않도록 균형을 갖추라. 지옥에 있는 사람들이 어떠한지 기억하라. 그곳에 있는 영혼이 얼마나 고통스러운지, 얼마나 처참한지, 얼마나 두려움 속에서 울고 있는지 생각하라. 그러나 또한 부활의 날과 하나님 앞에 서게 될 때를 기억하라."   (에바그리오스 1)

2 압바 이삭은 압바 포이멘이 황홀경에 빠지는 것을 보고 그에게 물었다. "스승님, 생각은 어디에 있는 건지요?" 그가 답했다. "주님의 십자가 곁에서 울던 마리아가 있는 곳이라네(요 19:25 참고). 나 또한 항상 울기 원한다네."   (포이멘 144)

3 "하나님께 다가가고자 하는 자는 처음에는 많은 애씀과 노고가 있고, 후에는 말할 수 없는 기쁨이 있다. 마찬가지로 불을 지피려는 자들은 먼저 연기를 마시고 눈물을 흘려야 구하는 것을 얻게 된다. 우리 역시 눈물과 수고로 자기 안에 거룩한 불을 붙여야 한다."   (신클레티케 1)

4   "깨어서 열심히 기도하는 수도자는 밤을 낮으로 바꾼다. 자신의 가슴을 찌르는 듯 눈물을 쏟으며 하늘에서 자비가 내려오도록 한다." (히페레키오스, 《권면》 84-85)

5   압바 테오도로스가 말했다. "그대의 수실[1]에 앉아서 정신을 집중하라. 하나님 앞에 그대가 설 날을 생각하라. 이 두렵고 무시무시한 심판을 상상해 보라. 죄인들이 받아야 하는 벌을 생각해 보라. 하나님 앞과 그리스도와 천사들과 대천사들과 권세들과 모든 사람들 앞에서 수치, 모든 벌, 영원한 불, 죽지 않는 구더기, 지옥, 암흑, 그리고 이런 것에다 이를 가는 것, 두려움과 징벌 등을 생각하라. 의인들이 받게 될 선한 것들도 생각해 보라. 하나님 아버지와 그리스도, 천사들, 대천사들, 권세들, 모든 백성, 왕국과 그 왕국의 부유함을 직접 뵙는 것과 기쁨과 즐거움을 생각해 보라. 이런 두 가지 기억을 간직하라. 죄인들의 심판에 대해서 애통해 하고, 그대 또한 그들에게 속하지 않을까 두려워하며 상복을 입으라. 의인들이 받을 선한 것을 생각하며 즐거워하고 기쁨으로 충만하라. 그대가 수실 안에 있든 밖에 있든, 이런 것들을 잊지 않도록 주의하라. (에바그리오스 1)

6   "나는 세 가지가 두렵다. 영혼이 몸을 떠나는 때와 내가 하나님 앞에 서는 때, 그리고 나에 대한 판결이 내려지는 때다." (엘리아 1)

---

1. 수실은 수도자의 기도, 명상을 위해 사용하는 개인적 방이나 공간을 의미한다.

7　　"내적 고요에 있는 자는, 열망에 앞서, 하나님과 하나님을 만나는 것에 대한 두려움을 가져야 한다. 그럴 때 그의 안에는 하나님에 대한 두려움이 없다."　　　　　　　　　　　　(이사야)

8　　압바 페트로스가 '하나님에 대한 두려움이란 무엇입니까?'라고 물었을 때 압바 이사야가 말했다. "하나님 아닌 다른 어떤 것에 의지하는 사람, 그에게는 하나님에 대한 두려움이 없다네."

(이사야 26, 4)

9　　압바 이사야가 말했다. "화로다! 화로다! 내가 나를 구원하려고 애쓰지 않았으니 내게 화로다! 내게 화로다! 자비의 하나님께 도움 받도록 나 자신을 정결하게 하지 않았으니 내게 화로다! 원수들과 싸워 이기려고 애쓰지 않았으니 내게 화로다!"

(이사야 26, 4)

10　　"화로구나! 화로다! 내 앞에는 내가 아는 고발자들과 내가 모르는 고발자들이 있구나. 그들을 물리칠 수 없으니 내게 화로다! 화로구나! 내 원수들이 하나님이 보는 앞에서 나의 한 부분도 정결하게 내버려 두지 않으니, 내가 어떻게 나의 주님과 그분의 성도들을 만날 수 있단 말인가?"　　　　　　(이사야 26, 4)

11　　복된 자인 대감독 테오필로스는 죽을 때가 다가오자 이렇게 말했다. "복되도다, 압바 아르세니오스여! 그대는 늘 이때를 기억했으니."　　　　　　　　　　　　　　　　　　(테오필로스 5)

47

12 "등불이 어두운 방을 밝히듯, 하나님에 대한 두려움은 그 사람의 마음을 밝히고 하나님의 모든 덕과 계명을 가르쳐 줄 것이다."

(야곱 3)

13 압바 모세가 말했다. "사람은 눈물로써 덕을 얻게 되고, 죄 사함을 얻게 된다. 그대가 울 때 괴로움의 소리를 높이지 말라. 그대의 오른손이 하는 것을 왼손이 모르게 하라(마 6:3 참고). 왼손은 허영이다."

14 한 형제가 물었다. "마음이 괴롭습니다. 내 죄를 생각해야 하는데 형제의 부족함에 더 주목하게 됩니다." 이에 압바 포이멘은 압바 디오스코로스에 대해 말해 주었다. 디오스코로스가 독실에서 울고 있었다. 그의 제자가 "사부님, 무엇 때문에 우십니까?"라고 물었다. "아들아, 내 죄 때문이란다." 그가 대답했다. "사부님은 잘못한 것이 없습니다." 원로가 말했다. "내 잘못을 볼 수만 있다면야, 네 사람이 나와 함께 울어도 부족하다네." 압바 포이멘이 말했다. "자기 자신을 아는 사람은 이러하다네."

(디오스코로스 2)

15 "애통은 두 가지 일을 한다. 가꾸며 지키는 것이다"(창 2:15 참고).

(포이멘 39)

16 형제가 물었다. "무엇을 행해야 합니까?" 포이멘이 대답했다. "아브라함이 약속의 땅에 들어갔을 때 자신을 위해 무덤을 샀고

(창 23:4 참고), 이 무덤으로 땅을 유업으로 받았다네." 형제가 그에게 말했다. "무덤은 무엇입니까?" 원로가 말했다. "그것은 눈물과 애통의 장소라네."

(포이멘 50)

17 한 형제가 압바 포이멘에게 물었다. "저의 죄에 대해 무엇을 해야 합니까?" 원로가 대답했다. "죗값을 지불하려는 자는 눈물로써 그것을 지불해야 하네."

(포이멘 119)

18 "애통하는 것, 그것은 성경이 우리에게 전해 준 길이다. 실로 이것 말고 다른 길은 없다."

(포이멘 119)

19 형제들이 압바 펠릭스에게 가서 말씀을 청했다. 그러나 원로는 잠자코 있었다. 그들이 오랫동안 간청한 후에야 그가 말했다. "지금은 한마디 말도 못하겠네. 옛날에는 형제들이 원로들에게서 들은 것을 행했다네. 그러나 지금은 그들이 질문한 후에 그 답을 들어도 행하지 않으니, 하나님께서 은사를 거두어 가셨네. 실천하는 자가 없으므로 원로들이 무엇을 말해야 할지 찾지 못하는 것이라네." 이 말을 들은 후 형제들은 슬퍼하면서 말했다. "우리를 위해 기도해 주십시오."

(펠릭스)

20 압바 오르와 압바 테오도로스가 독실에 진흙을 바르고 있었다. 그들은 서로에게 이렇게 말했다. "만약 하나님께서 지금 우리에게 찾아오시면, 우리는 무얼 해야 할까?" 그들은 울면서 진흙을 내려놓고 자신의 독실로 물러갔다.

(오르 1)

21 한 형제가 원로에게 물었다. "제 마음이 완고하고 하나님을 두려워하지 않는 까닭이 무엇일까요?" 원로가 대답했다. "생각건대 사람이 마음속으로 계속 자신을 나무라면, 하나님을 두려워하게 될 걸세." "나무람이란 무엇입니까?" 형제의 말에 원로가 말했다. "사람이 모든 일에서 스스로에게 '곧 하나님을 만나게 될 것을 기억하라'라고 말하며 자신의 영혼을 책망하는 것이네. 그리고 '내가 다른 사람과 무엇을 하고자 하는 건가?'라고 되물어 보게. 이런 태도를 유지한다면, 하나님을 진정으로 두려워하게 될 걸세."

(무명모음집 138)

22 원로가 어떤 자가 웃는 것을 보고 그에게 말했다. "하늘과 땅 앞에서 우리 삶 전체를 셈해야 하는데, 그대는 웃음이 나오는가?"

(무명모음집 139)

23 "우리가 항상 그림자를 달고 다니는 것처럼, 우리가 있는 곳이라면 그곳이 어디든 눈물과 애통이 뒤따라야 한다."

(무명모음집 140)

24 한 형제가 원로에게 이렇게 물었다. "원로들의 말씀을 들은 대로 내 영혼이 눈물을 갈망하지만, 눈물이 나오지 않아 고통스럽습니다. 어떻게 해야 할까요?" 원로가 그에게 말했다. "이스라엘의 아들들은 40년이 지나서야 약속의 땅에 들어갔네. 눈물은 약속의 땅이지. 그대가 거기에 도달한다면, 더 이상 싸움을 두려워하지 않을 걸세. 사실 하나님은 우리의 영혼이 애통하기를 바

라신다네. 우리의 영혼이 약속의 땅에 들어가도록 하기 위해서
라네.”

(무명모음집 142)

25   원로가 말했다. “그대의 독실에 앉아 매시간 하나님을 기억하
라. 그러면 하나님에 대한 두려움이 그대를 둘러쌀 것이다. 그
대의 영혼에서 모든 죄와 모든 악을 쫓아라. 그리하면 쉼을 얻
을 것이다(히 11:9 참고). … 하나님에 대한 두려움을 얻은 자는 선
한 것들로 가득 찬 보물을 가진 것이다. 하나님에 대한 경외감
은 사람을 죄에서 구원하기 때문이다.”

26   원로가 말했다. “형제들이여, 영혼의 구원을 위해 열심을 내라.
심판의 날은 두렵고 고통스럽기 때문이다. 그대들의 영혼을 드
리고 거룩한 영을 받으라.”

27   “함부로 말하는 것은 건조한 바람 같아서 수도자의 열매를 파괴
한다. 웃음은 애통의 복을 쫓아낸다. 웃음은 덕을 세우거나 지
키지 못하고 세워 놓은 것마저 허문다. 웃음은 성령을 탄식하게
하며, 영혼에 유익을 주지 못하고, 몸을 타락하게 한다. 웃음은
죽음을 떠올리지 못하게 하고, 형벌을 생각하지 못하게 한다.
웃음과 함부로 말하는 것은, 나이가 적든 많든, 수도자를 수치
스런 동요로 이끌어 넘어뜨린다.”

4

절제에 대한
가르침

탐식과 욕망을 제어하기

영적 삶은 절제와 동행한다. 입과 배의 절제가 우선이다. 욕망의 부분을 절제하면 화를 제어하기가 수월하기 때문이다. 욕망과 화를 정화하면 지성이 밝게 빛나며 하나님께로 나아갈 수 있다.

1   형제들이 스케티스 수도원을 나와 압바 안토니오스에게 갔다. 형제들이 그에게 가려고 배에 올랐는데, 그곳에 가려는 또 다른 원로가 있었다. 그들은 배에 앉아서 교부들의 말씀과 성경, 또 그들의 손노동에 대해서 대화를 나누었다. 그러나 그 원로는 침묵했다. 그들은 항구에 도착하고 나서야 그 원로도 압바 안토니오스에게 가려 한다는 것을 알았다. 원로와 형제들은 안토니오스를 만났다. 안토니오스는 형제들에게 말했다. "그대들에게는 이 어른이 좋은 동행자였겠구먼." 그리고 그는 원로에게 "좋은 형제들과 함께 계셨군요"라고 말했다. 그러자 원로가 말했다. "그럼요, 좋은 형제들입니다. 그런데 그들의 거처에는 문이 없어요. 원하는 자마다 그들의 마구간에 들어가 당나귀를 풀어 놓고 가지요." 원로가 이렇게 말한 것은 그들이 입에서 나오는 대로 말했기 때문이었다.   (안토니오스 18)

2   압바 다니엘이 아르세니오스에 대해 말하곤 했다. "그분과 함께 살 때, 우리는 매년 약간의 밀단을 드렸을 뿐이다. 그런데도 그분께 들를 때면 우리가 그것을 먹곤 했다."   (아르세니오스 17)

3 아르세니오스는 온갖 종류의 과일이 익었다는 것을 알고 그것을 "내게 가져와 보게"라고 했다. 그러고는 모든 것을 조금씩 한 번만 맛보고 주님께 감사를 드렸다. (아르세니오스 19)

4 압바 아가톤은 삼 년간 조약돌을 입에 넣고 있었다고 한다. 그런 후에 침묵을 지키게 되었다. (아가톤 15)

5 "적의 도시를 뺏으려 할 때, 왕은 먼저 그들의 물과 식량을 끊어버린다. 그러면 적은 굶주림으로 항복한다. 육의 욕망도 마찬가지이다. 사람이 주림과 배고픔 속에서 살면, 원수들이 그의 영혼 안에서 힘을 잃어버린다." (난쟁이 요안네스 3)

6 어느 날 압바 아가톤이 제자들과 함께 걷고 있었다. 그들 중의 하나가 길에서 조그만 초록색 콩을 보고는 원로에게 말했다. "스승님, 괜찮으시다면 저걸 따오겠습니다." 원로는 놀라서 물었다. "그대가 그걸 저기에다 심어 두었나?" 그는 원로에게 아니라고 대답했다. 그러자 원로가 말했다. "그렇다면 그대가 심지도 않은 걸 어찌 따오려고 하는가?" (아가톤 11)

7 한 원로가 압바 아킬라스에게 갔는데, 그가 입에서 피를 뱉어내고 있었다. 원로가 물었다. "어찌 된 일이십니까?" 압바 아킬라스가 말했다. "그건 나를 고통스럽게 한 형제의 말이라네. 그 말을 돌려보내지 않으려고 애썼고, 하나님께 기도하며 내게서 그 말을 거두어 달라고 했네. 그랬더니 그 말이 피가 되어 내 입

에 고였네. 그것을 뱉어 낸 것이라네. 나는 평화롭고 고통을 잊
었다네."   (아킬라스 4)

8   "우리는 스케티스에 있는 한 원로에게 기름을 좀 얻기를 원했
     다. 그는 우리에게 말했다. '삼 년 전에 그대들이 가져온 작은 병
     이 어디 있는지 찾아보게. 그대로 있을 걸세.' 이 말을 들은 우리
     는 이 원로의 삶의 방식에 놀랐다."   (베냐민 2)

9   나키아스티스의 압바 디오스코로스에 대한 이야기이다. 그의
     빵은 보리와 콩으로 만든 것이었다. 매년 그는 한 가지 덕을 실
     천하고자 계획했다. 가령 "올해는 사람을 만나지 않겠다." 혹은
     "말을 하지 않겠다." 혹은 "익힌 음식을 먹지 않겠다." 혹은 "과
     일이나 푸른 채소를 먹지 않겠다"라고 말했다. 그리고 이 모든
     수행을 이루었다. 한 가지가 끝나면 다른 것을 계획하여 매년
     행했다.   (디오스코로스 1)

10   원로가 말했다. "내가 즐거움을 없애려는 것은 화처(火處)[1]에 대
     해 핑곗거리를 없애기 위해서다. 세상을 향한 욕망은 만족을 모
     르고 만족을 모르는 영혼은 화를 만들어내어 주변 사람들과 다

---

1. 에바그리오스는 이성적 영혼이 화처(火處, thymos), 욕처(慾處, epithymia), 이해력(知性, nous)
    등의 세 부분으로 되어 있다는 플라톤의 구분을 받아들인다. 화처는 화(火)가 생겨나는 곳
    이며, 욕처는 갈망이 생겨나는 곳이다. 본래적으로 화처는 마귀를 대적하도록 만들어졌
    고, 욕처는 하나님을 갈망하도록 만들어졌다. 그러나 사람들에게 화를 내고, 하나님 아닌
    것을 욕망하는 등 화처와 욕처가 잘못 사용되어 하나님을 아는 능력인 지성이 흐려져 있
    는 것이 인간 현실이다.

투게 한다. 이렇게 욕처와 화처가 사념으로 얼룩지게 되면 지성이 어두워져 하나님을 바라보지 못하기 때문이다.

(에바그리오스, 《실천학》 99)

11   키프로스의 감독 에피파니오스가 어느 날 압바 힐라리온에게 사람을 보내 이렇게 청했다. "우리가 죽기 전에 이곳에서 만납시다." 그가 도착했을 때 그들은 서로 기뻐했다. 그들이 먹을 때에 가금류가 나왔다. 에피파니오스가 그것을 집어서 압바 힐라리온에게 주자 그는 "스승님, 용서하시죠. 수도복을 입은 이래로 고기를 먹은 적이 없습니다"라고 말했다. 에피파니오스가 그에게 말했다. "나는 수도복을 입은 이래로 누군가가 내게 악감정을 가진 채로 잠들게 한 적이 없고, 내가 누군가에게 악감정을 가진 채로 잠든 적이 없네." 그러자 원로가 감독에게 말했다. "용서하십시오. 당신의 삶의 방식이 저보다 훨씬 더 훌륭합니다."

(에피파니오스 4)

12   압바 제논이 팔레스티나를 걷고 있었다. 피곤해진 그는 식사를 하려고 오이 밭가에 앉았다. 한 생각이 그에게 말을 걸었다. "오이 하나를 따 먹어라. 그 정도면 대단한 것도 아니지 않는가?" 그러나 그는 생각에게 이렇게 대답했다. "도둑들은 형벌을 받아야 한다. 내가 그 형벌을 견딜 수 있을지 시험해 보자." 그는 일어나서 닷새 동안 열기 속에 서 있었다. 그는 햇볕에 벌겋게 익어 이렇게 말했다. "나는 형벌을 견딜 수 없다. 그렇다면, 훔치지도 말고 먹지도 마라."

(제논 6)

13   압바 이사야가 말했다. "말하기보다 잠자코 있는 것을 좋아하라. 침묵이 보물을 쌓아 두는 것이라면, 말하는 것은 보물을 흩뜨리는 것이다."

14   "어느 날 나는 빨마[2]로 만든 줄을 갖고 스케티스의 길을 올라가다가, 낙타 부리는 사람이 하는 말에 화가 치밀어 올랐다. 그래서 나는 짐을 버리고 도망쳤다." (난쟁이 요안네스 5)

15   "내가 아는 한 형제가 밭에서 추수하다가 밀 이삭 하나를 먹고 싶어 밭주인에게 말했다. '이삭 하나만 먹어도 될까요?' 이 말을 들은 주인은 놀라서 말했다. '밭을 마음대로 하셔도 좋은데, 내게 그런 걸 물어보시다니요?' 이런 정도로 그 형제는 빈틈이 없었다." (이삭 4)

16   "나는 서른 해 동안 생각으로 죄에 이끌렸지만, 결코 욕정이나 분노에 동의한 적이 없다네." (이시도로스 3)

17   수도자들의 지도자가 된 압바 요안네스가 사십 년 전부터 아주 외진 사막에서 살던 압바 아르세니오스를 찾아갔다고 한다. 그는 아르세니오스를 깊이 사랑하였고 그래서 스스럼없이 그에게 물었다. "이렇게 오랫동안 사람들을 멀리 하고 사셨는데, 무엇을 이루었는지요?" 그러자 "내가 물러나서 산 이래로, 태양은 내

---

2. 종려나무, 야자나무이다.

가 먹는 것을 본 적이 없지요"라고 대답했다. 이에 압바 요안네스가 말했다. "태양은 내가 화내는 것도 본 적이 없습니다."

(카시아누스 4)

18 "만약 누군가를 나무라면서 그대가 화(火)로 끌려 들어간다면, 그대 자신의 욕망을 채우는 것이 된다. 타인을 구하려고 자기 자신을 멸망시키지 말라."　　　　　(마카리오스 17)

19 "사람이 '네 말로 의롭다 함을 받고 네 말로 정죄함을 받으리라'(마 12:37)라는 말씀을 기억한다면, 그는 오히려 잠잠한 편을 선택할 것이다."　　　　　(포이멘 42)

20 한 형제가 압바 팜보에게 이웃을 칭찬하는 것이 좋은지 물었더니 그가 말했다. "잠자코 있는 것이 더 낫다."　　　　　(포이멘 47)

21 한 형제가 압바 포이멘에게 물었다. "우리가 공동생활을 할 때 어떻게 해야 합니까?" 원로가 말했다. "함께 사는 자들은 다른 형제들을 하나같이 여겨야 하고, 자신의 입과 눈을 삼가야 한다. 이렇게 하면 평온할 것이다."　　　　　(포이멘 19)

22 압바 포이멘이 말했다. "사람들이 연기로 꿀벌을 쫓아내고 꿀을 취하듯, 육적 안식은 영혼에게서 하나님에 대한 두려움을 몰아내고, 영혼의 모든 선한 행동을 파괴한다."　　　　　(포이멘 57)

23 압바 피오르는 왔다 갔다 하면서 식사를 했다고 한다. 누군가 왜 그렇게 먹느냐고 물었더니 이렇게 대답했다. "음식을 본업으로 삼지 않고 부업으로 삼기 위해서라오." 또 다른 사람의 같은 질문에는 이렇게 대답했다. "내 영혼이 먹을 때조차 육적 기쁨을 느끼지 못하게 하려는 것이네." (피오르 2)

24 압바 시소에스가 하루는 말을 함부로 하는 것에 대해 이야기했다. "서른 해 동안 내 죄에 대해서는 더 이상 빌지 않았지만, 내 혀의 절제에 대해서는 계속 기도드린다. '주 예수 그리스도여, 혀로부터 저를 지켜 주십시오.' 하지만 여태껏 넘어지는 것도 혀 때문이다." (시소에스 5)

25 하루는 압바 실바노스와 그의 제자 사가랴가 수도원에 갔다. 수도원을 나서기 전에 형제들이 그들에게 음식을 좀 주어서 그들은 함께 먹었다. 그들이 길을 가다가 제자가 물을 발견하고 마시려 하자 압바 실바노스가 말했다. "사가랴, 오늘은 금식하는 날이네." 사가랴가 물었다. "스승님, 우리가 좀 전에 먹지 않았던가요?" 원로가 말했다. "그건 사랑으로 먹은 것이다. 내 아들아, 우리는 우리 자신의 금식을 지켜야 한다." (실바노스 1)

26 "독한 약이 벌레를 쫓듯이 기도는 금식과 마찬가지로 불결한 생각을 몰아낸다." (신클레티케 3)

27 신클레티케가 또 말했다. "그대는 세상의 부자들이 유익하게 여

기는 달콤한 것에 빠져서는 안 된다. 그들은 자신들의 기쁨을 위해 요리법을 중시한다. 그러나 그대는 금식과 저렴한 음식으로 그들의 풍요로운 식사를 넘어서라. 성경에 이르기를 '배부른 자는 꿀이라도 싫어 한다'(잠 27:7)고 되어 있다. 빵조차 배불리 먹지 말고 포도주는 원하지도 마라." (신클레티케 4)

28 "우리에게 타향살이란 자기 입을 제어하는 것이다." (티토에스 2)

29 "야생 당나귀에게 사자가 무서운 존재이듯, 탐욕이라는 사념(邪念)은 수도자에게 시련이다." (히페레키오스 1)

30 "금식은 수도자에게 죄에 대한 재갈과 같다. 그것을 내팽개치는 자는 발정 난 말과 같다"(잠 27:7). (히페레키오스 2)

31 "절제하는 수도자는 땅에서 존경받으며, 하늘에서는 지극히 높으신 분 앞에서 면류관을 쓸 것이다." (히페레키오스, 〈권면〉 121)

32 "그대의 입에서 나쁜 말이 나오지 않도록 하라. 포도원은 가시를 내지 않는다." (히페레키오스, 〈권면〉 112)

33 "형제를 비난함으로써 형제의 살을 먹기보다는 차라리 고기와 포도주를 먹고 마시는 것이 낫다." (히페레키오스 4, 〈권면〉 144)

34 "뱀은 속삭임으로 하와를 낙원에서 쫓아냈다. 이웃을 비난하는

자도 이와 비슷하다. 그의 말을 듣고 있는 사람의 영혼을 멸망시킬 뿐 아니라 자기 영혼도 구하지 못한다."

(히페레키오스 5, 〈권면〉 153)

35 "사자는 강하지만 배를 채우려다 덫에 걸리게 되면 모든 힘을 잃어버린다."

(난쟁이 요안네스 28)

36 한번은 사람들이 십일조로 포도주 한 항아리를 가져와 형제들에게 한 잔씩 주었다. 그때 한 형제가 지붕으로 달아나는 바람에 지붕이 무너졌다. 그 소리에 사람들이 오더니 그가 땅에 넘어진 것을 보고 "거드름을 피우더니, 꼴좋군"이라며 그를 무시했다. 그러나 그의 스승은 그를 감쌌다. "내 아들을 가만두게나. 그는 선행을 행했네. 내 살아생전에 이 지붕을 다시 세우지 않겠네. 포도주 한 잔 때문에 스케티스에서 지붕이 무너졌다는 것을 세상이 알게 하겠네."

(무명모음집 148)

37 한 형제가 다른 형제에 대해 화가 나자, 기도하기 위해서 일어났다. 그는 화를 참을 수 있게 해 달라고, 그리고 무탈하게 이 시험을 지나가게 해 달라고 간구했다. 그 즉시 연기가 그의 입에서 나왔고, 그의 화도 그쳤다.

(무명모음집 372)

38 스케티스의 사제가 알렉산드리아의 대감독에게 다녀왔다. 형제들이 물었다. "그 도시의 모습이 어땠습니까?" 그가 대답했다. "형제들이여, 실로 나는 대감독의 모습 외에 본 것이 없다네."

이 말을 듣고 그들은 감탄했으며, 그의 행동에서 힘을 얻었다. 그리고 자신들의 눈을 세상에 두지 않을 수 있었다.

(무명모음집 161)

39 "악마는 수도자의 약점을 공격한다. 오랜 시간을 두고 굳어진 습관은 본성이 되어 큰 힘을 발휘하는데, 특히 게으른 자들에게 그렇다. 따라서 맛있어서 찾는 모든 음식은 특히 건강할 때는 먹지 마라. 그대가 원하는 것도 먹지 마라. 다만 하나님께서 그대에게 주신 것을 먹으며, 매시간 감사하라." (무명모음집 373)

40 한 원로가 다른 원로에게 갔다. 원로는 콩을 좀 익히도록 한 후 그에게 말했다. "짧게 기도합시다." 그런데 그는 시편 전체를 끝까지 읊조렸고, 다른 원로는 예언서 두 개를 읊조렸다. 아침이 오자 방문한 원로는 떠나갔다. 그들은 음식을 먹는 것도 잊어버렸다.

(무명모음집 150)

41 한 원로가 병들어 여러 날 동안 먹지 못했다. 이에 제자는 맛있는 것을 좀 만들면 어떨까 하여 물어보았다. 그가 허락했고 제자는 원로에게 먹을 것을 가져왔다. 쟁반에는 꿀이 조금 든 병과 고약한 냄새가 나는 아마인유(亞麻仁油)도 있었다. 아마인유는 불을 밝히는 데 사용됐다. 형제는 실수로 음식에 꿀 대신 아마인유를 부었다. 원로는 이것을 맛본 뒤 아무 말 없이 먹었다. 형제가 더 먹기를 청하자 원로는 참으면서 먹었다. 형제가 또다시 권하자, 원로는 거절하며 말했다. "내 아들아, 정말로 더

는 못 먹겠구나." 형제는 "그러시다면 저도 함께 먹겠습니다"라고 말했다. 맛을 본 제자는 자신이 무슨 일을 했는지 깨달았다. 제자는 얼굴을 대고 엎드리며 말했다. "제가 스승님을 끔찍하게 괴롭게 했습니다. 주의치 못하고 죄를 짓고 말았습니다." 원로가 말했다. "내 아들아, 괴로워하지 말게. 하나님께서 내가 꿀을 먹기를 바라셨다면 자네가 꿀을 넣었겠지."　　　(무명모음집 151)

42　　원로가 말했다. "탐식은 부정(不貞)의 어머니다. 자신의 배를 절제하는 자는 부정(不貞)하지 않으며 혀도 절제할 수 있다."

43　　한 수도자가 길 반대편에서 자매들이 오는 것을 보고 길에서 물러났다. 맏이인 자매가 그에게 말했다. "그대가 완전한 수도자라면, 우리를 여자로조차 생각하지 않았을 터인데."

(무명모음집 154)

44　　어떤 교부가 말했다. "부활절의 고난 주간 내내 금식한 켈리아의 형제를 알고 있다. 저녁에 사람들이 함께 모였을 때 그는 먹지 않으려고 자리를 피했다."　　　(무명모음집 150)

45　　압바 팜보와 압바 베사리온, 압바 이사야, 압바 파이시오스, 압바 아트레가 함께 모여 있을 때 니트리아의 사제가 "어떻게 살아야 할까요?"라고 물었다. 원로들은 이렇게 대답했다. "수덕을 크게 행하고 또한 이웃에 대해서 양심을 지키며 살아야 하네."

(팜보 11)

46 　원로가 말했다. "자기 절제는 영혼의 부(富)다. 겸손한 생각을 하고 악의 어미인 허영을 피하며 이것을 얻자."

47 　원로가 말했다. "어느 누구든지 힘들이지 않고는 덕을 얻지 못한다. 설령 얻는다 해도 그 안에 머물지 못한다. '애통하며 주리는 자에게는 하늘나라가'(마 5:4-6 참고) 약속되어 있다."

48 　형제가 원로에게 청했다. "사람들이 스스럼없이 먹고 마시면 어떻게 됩니까?" 원로가 대답했다. "그러면 모든 악함이 생겨나지. 우리는 예루살렘이 요리장 느부사라단 때문에[3] 완전히 파괴되었다는 것을 알고 있네. 또한 주님께서는 '너희는 스스로 조심하라 그렇지 않으면 방탕함과 술 취함과 생활의 염려로 마음이 둔하여지고 뜻밖에 그날이 덫과 같이 너희에게 임하리라'(눅 21:34)라는 권고를 주셨네." 　　　　　　　　　　　　　　　　(무명모음집 466)

49 　"주린 자를 먹이는 것과 금식하는 것은 선한 일이다. 거룩한 말씀으로 맛있는 식사를 하고, 교부들의 거룩한 이야기로 축제를 즐기자. 우리의 위(胃)를 즐겁게 하지 말고 영적 기쁨을 누리자."

50 　한 원로가 말했다. "포도주를 석 잔 이상 마시는 수도자가 나를 위해 기도하지 못하도록 하라." 　　　　　　　　　　(무명모음집 465)

3. 　열왕기하 25장 8절 참고.

51 원로가 말했다. "그대가 혼자 있을 때 식사 시간이 되기 전에 상을 차리지 마라. 그리고 질문받기 전에는 말하지 마라. 질문 받는다면 적절하게 말하고 온당치 않은 것은 말하지 말라."

(무명모음집 468)

52 한 형제가 말했다. "어떤 원로를 아는데 그는 산에 살면서 단 한 사람도 맞아들이지 않았다. 그는 그곳에서 채소를 키우며 오십 년간 자신의 정원 울타리 밖으로 나가지 않았다. 하지만 그는 매일 자신을 보러 왔던 사람들을 치료해 주는 것으로 아주 유명해졌다. 그는 다섯 명의 제자를 그곳에 남긴 후 영면에 들어갔다."

(무명모음집 419)

53 한 감독이 매년 스케티스에 가서 교부들을 보았다. 한 형제가 자신의 독실에서 빵과 소금을 가져와서 이렇게 말했다. "용서하십시오. 드릴 것이 이것밖에 없습니다." 감독이 그에게 말했다. "내년에 올 때는 빵만으로도 충분하네."

(무명모음집 28)

5

부정(不貞)함에 대한 가르침

정욕과 유혹을 거스름

4-5세기 수도자들은 그리스도의 영적 신부로 살기 위해 혼인을 거부했지만, 종교개혁과 더불어 혼인을 통한 부부 사이의 결합은 창조질서에 부합하는 하나님의 명령으로 해석되었다. 혼인을 했든 그렇지 않든 간에 각자가 처한 환경에서 마음의 순결과 육체의 정결함을 지켜야 영적인 성숙을 향해 나아갈 수 있다.

1   "육신의 욕망을 따르고 돈을 사랑하면서 하나님을 따라 사는 것
     은 불가능하다."   (이시도로스 3)

2   페트라의 압바 게론티오스가 말했다. "육체적 향락의 유혹을 받
     는 많은 자들은 육적인 관계 없이도 생각만으로도 부정을 범한
     다. 몸은 정결하게 지키면서도 영혼으로 부정을 저지르는 것이
     다. 그러므로 사랑하는 형제들이여, '모든 지킬 만한 것 중에 더
     욱 네 마음을 지키라'(잠 4:23). 그것이 선하다."   (게론티오스)

3   압바 마토에스가 말했다. "한 형제가 내게 와서 험담이 부정(不
     貞)보다 더 악하다고 했다. 나는 그 말이 지나치다고 했다. 그러
     자 그 형제는 '그럼 어떻게 생각하십니까?'라고 물었다. 내가 말
     했다. "험담은 나쁘지만 쉽게 고칠 수 있네. 험담하는 자들은 자
     주 뉘우치며 자신의 말이 잘못되었다고 하지. 반면 부정이란 육
     체의 죽음이네."   (마토에스 8)

4   다른 한 형제가 부정의 공격을 받았다. 그는 밤에 일어나서 어
     떤 원로에게 갔다. 그는 자기의 생각을 말했고 원로는 그를 격

려했다. 그는 힘을 얻어 자신의 수실로 돌아왔다. 그런데 싸움이 다시 그에게 덮쳤고, 또다시 그는 원로에게 갔다. 그러기를 여러 번 했다. 원로는 그를 실망시키지 않고, 이렇게 유익하게 말해 주었다. "지지 말게. 마귀가 그대에게 싸움을 걸어올 때마다 내게 와서 마귀를 꾸짖게. 꾸짖음을 당하면 마귀는 물러간다네. 어떤 것도 마귀의 일을 드러내는 것만큼, 부정의 마귀를 방해하는 것은 없네. 그리고 어떤 것도 자신의 생각을 감추는 것만큼, 부정의 마귀를 기쁘게 하는 것도 없네." 그리하여 형제는 자신의 생각을 정죄하면서 그 원로를 열한 번이나 찾아갔다. 후에 그 형제는 원로에게 말했다. "사부님. 내게 자애를 베풀어 한 말씀해 주십시오." 원로가 그에게 말했다. "내 아들아, 힘을 내게. 만약 하나님께서 내 생각이 그대에게 들어가도록 허락하신다면, 그대는 그것을 참지 못할 걸세. 그대는 아주 낮은 데로 떨어질 걸세." 원로가 이런 말을 하며 커다란 겸손을 보여 주었기에 그 형제의 싸움은 그치게 되었다. (무명모음집 164)

5 어느 날 대(大)원로의 제자가 부정(不貞)과 싸우고 있었다. 원로는 그가 애쓰는 것을 보고서 말했다. "내가 하나님께 간청하여 그 싸움이 가볍게 되기를 바라는가?" 그가 말했다. "아닙니다. 이렇게 애쓸 때 제 안에 열매가 생기는 것을 봅니다. 차라리 제게 인내를 주십사 간청해 주십시오." 이에 스승이 말했다. "나는 오늘 그대가 진보했고 나보다 앞선 것을 알게 되었네."

6 한 형제가 어떤 원로에게 말했다. "사부님, 깨끗하지 못한 사념

(邪念)이 나를 죽이는데 어떻게 해야 합니까?" 원로가 말했다. "엄마가 아이의 젖을 뗄 때는 매운 양파로 젖을 문지르지. 그러면 아이가 여느 때처럼 젖을 물다가 매운맛에 젖을 멀리하게 된다네." 형제가 그에게 말했다. "제가 사용해야 할 양파는 무엇입니까?" 그러자 원로가 말했다. "죽음에 대한 기억과 다가올 세계의 형벌이라네."   (무명모음집 182)

7   원로들은 부정(不貞)의 사념(邪念)이 책과 같다고 말하곤 했다. 그것이 우리 안에 뿌려진다 해도 우리가 동의하지 않고 멀리하면 쉽게 그것을 잘라내지만 그런 생각이 일단 뿌리를 내리게 되면, 그것에 설득당하고 달콤함을 느껴 쇳덩어리처럼 잘라내기 어렵게 된다. 이 사념에는 분별이 필요하다. 거기에 동의하는 사람들에게는 구원의 희망이 없고, 동의하지 않는 사람들에게는 월계관이 준비되어 있다.   (무명모음집 185)

8   압바 안토니오스가 말했다. "나는 몸이 타고난 본능적인 움직임을 갖고 있다고 생각한다. 그러나 이것은 영혼의 동의 없이는 작용하지 않는다. 이런 움직임은 단지 몸 안에 있되 동요가 없는 움직임이라고 할 수 있다. 다른 움직임도 있는데 그것은 음식과 음료를 통해 영양을 섭취하고 몸을 데우는 데서 오는 것이다. 뜨거워진 피가 몸을 자극해서 움직임이 생기는 것이다. 이 때문에 사도 바울은 '술 취하지 말라 이는 방탕한 것'(엡 5:18)이라고 했고, 주님은 제자들에게 '스스로 조심하라 그렇지 않으면 방탕함과 술 취함과 생활의 염려로 마음이 둔하여지'(눅 21:34)

지 말 것을 권면하셨다. 그런데 또 다른 움직임도 있는데 그것은 마귀들의 간교와 시기에서 생기는 것으로 마귀와 싸우는 자들에게 고유한 것이다. 첫째는 본성적인 것이요, 다른 것은 음식을 분별하지 못하는 데서 오는 것이요, 세 번째는 마귀로부터 오는 것이다." (안토니오스 22)

9   부정(不貞)의 사념(邪念)에 대해서 질문 받은 알렉산드리아 사람 압바 키로스가 말했다. "그대가 사념을 갖지 않는다면 희망이 없다. 사념이 없다는 것은 그대가 행동으로 옮기기 때문이다. 행동으로 옮기는 자는 생각하는 것을 꺼리지 않는다." 그런 다음 그 원로가 형제에게 물었다. "그대는 여자와 대화하는 버릇이 있지 않은가?" 그 형제가 대답했다. "아닙니다. 그런데 기억이 나를 괴롭힙니다. 여인들의 모습 말입니다." 원로가 그에게 말했다. "죽은 자들을 두려워 말게. 산 자들을 피하게. 무엇보다 기도에 힘쓰게." (키로스)

10   "사람은 부정(不貞)과 이웃에 대한 험담, 이 두 가지 생각을 절대 받아들이지 말아야 한다. 이런 것에 대해 말하지도 말고 마음으로 생각하지도 말아야 한다. 그러면 안식에 이르고 큰 유익을 얻게 될 것이다." (포이멘 154)

11   어느 날 한 형제가 압바 포이멘에게 와서 말했다. "사부님, 부정(不貞)한 생각 때문에 괴로운데 어떻게 해야 합니까? 압바 이비스티온께서는 그런 생각이 오래 머물지 못하게 하라고 하셨습

니다." 압바 포이멘이 형제에게 말했다. "그분의 실천은 하늘 높은 데 있다. 그분은 자네와 내가 부정한 생각 속에 있다는 것을 모르신다네. 내 생각에는 사람이 배와 혀를 절제한다면 자신을 신뢰할 수 있을 걸세." (포이멘 62)

12 한 원로 은수자가 부정(不貞)의 사념(邪念)에 대해서 말했다. "그대는 누워 지내면서 구원받고자 하는가? 가서 일하고 힘쓰라. 가서 구하라. 그러면 찾을 것이다. 깨어 있으라. 두드리라. 그러면 열릴 것이다(눅 11:9-10 참고). 격투기 선수들은 타격을 당하지만 견디고 맞서면서 월계관을 받는다. 그들이 얼마나 고되게 자신의 육체를 훈련시키는지 아는가? 그대도 원수에게 맞서게. 그리하면 하나님께서 그대를 위해 원수와 싸울 것이네." (무명모음집 166)

13 "광장에 있는 여관을 지나가는 사람처럼 되라. 그는 각종 음식과 고기 굽는 냄새를 맡는다. 그가 원하면 들어가서 먹고, 원하지 않으면 냄새만 맡고 떠나간다. 그대에게서 나쁜 냄새를 멀리하라. 일어나서 이렇게 기도하라. '하나님의 아들이시여, 나를 도와주소서.' 다른 생각에 대해서도 이렇게 하라. 생각의 뿌리를 뽑을 수는 없지만 저항할 수는 있다." (무명모음집 167)

14 "하나님께서 우리 안에 거하심을 확신한다면, 자기 안에 괴상한 것을 끌어들이지 않을 것이다. 우리 안에 거하셔서 우리와 하나 되신 주 그리스도는 우리의 삶을 보고 계신다. 이런 이유로 우

리는 게으르지 말고, 그분이 거룩하신 것처럼 우리 자신을 거룩하게 해야 한다(요일 3:3 참고). 반석 위에 서 있자. 악한 자가 그대를 밀어내려 해도 겁내지 말고 이렇게 노래하라. '주를 의지하는 자는 시온 산이 흔들리지 아니하고 영원히 있음 같도다'(시 125:1)."

(무명모음집 78-79)

15 부정(不貞)에 시달리던 형제가 대(大)원로에게 간청했다. "자비를 베푸시어 나를 위해 기도해 주십시오. 부정(不貞)한 생각에 시달리고 있습니다." 원로는 그를 위해 하나님께 간청했다. 그가 다시 원로에게 와서 같은 말을 했다. 원로는 다시금 그를 위해 하나님께 기도했다. "주님, 이 형제가 어떻게 살아가는지 알려 주십시오. 이런 충동이 어디에서 오는 것입니까? 그는 아직 쉼을 얻지 못했습니다." 하나님은 그가 부정의 영(靈)과 수다를 떨고 있는 모습을 보여 주셨다. 천사가 그를 도우러 갔지만 그 형제는 여전히 사념의 쾌락을 즐기고 있었다. 형제가 왔을 때 원로가 말했다. "그대 자신이 원인일세. 그 생각에 동의하고 있기 때문이네." 그는 원로의 가르침과 기도 덕분에 평온해졌고 사념과 싸워 결국 쉼을 얻게 되었다.

(무명모음집 169)

16 원로가 말했다. "염려하지 않는 마음과 침묵, 내밀한 명상은 순결을 낳는다."

(무명모음집 127)

6

가난에 대한 가르침

소유의 포기

수도자들이 사회와 문화의 법적 기반인 소유권을 거부한 것은 재화에 의지하는 마음을 없애기 위해서였다. 우리가 하나님을 사랑하고 신뢰하는 만큼 재물에 마음을 빼앗기지 않는다.

1   한 형제가 세상을 부인하고 가난한 자들에게 자신의 재산을 나누어 주었다. 그는 자신을 위해 얼마간의 재산은 남겨 두고서, 압바 안토니오스에게 갔다. 원로는 이 사실을 알고 그에게 말했다. "그대가 수도자가 되고자 한다면, 마을로 가 고기를 사서 벗은 몸에 바르고 이곳으로 오시오." 형제가 그처럼 하자 개와 새가 그의 몸을 상하게 했다. 원로는 돌아온 그에게 자신의 조언을 따랐는지 물어보았다. 형제가 찢긴 몸을 보여 주자 압바 안토니오스는 다음과 같이 말했다. "세상을 부인하면서도 재산을 간직하는 자들은, 마귀가 싸움을 걸어올 때 이처럼 찢기는 겁니다."   (안토니오스 20)

2   압바 다니엘이 압바 아르세니오스에 대해서 이야기한 것이다. 어느 날 한 치안관이[1] 어떤 원로원 의원이 보낸 문서를 아르세니오스에게 갖고 왔다. 친척이었던 아르세니오스에게 아주 큰 유산을 남긴다는 유언장이었다. 아르세니오스는 그 유언장을 받고는 찢어버리려 했다. 이에 치안관이 "제발 찢지 마십시오.

---

1. magistrianos(마지스트리아노스). 치안업무 외에 다른 다양한 일을 하던 관리이다.

제 목이 달아날 겁니다"라고 말하자 압바 아르세니오스가 그를 보며 말했다. "나는 이 사람이 죽기 전에 죽었네." 그는 고스란히 그 유언장을 돌려보냈다.　　　　　　　　　　(아르세니오스 29)

3　어떤 형제가 자신의 유일한 재산인 복음서(福音書)를 팔아 가난한 자들을 위한 음식 값으로 지불하면서, 이렇게 말했다. "나는 '네 소유를 팔아 가난한 자들에게 주라'(마 19:21)라고 명한 말씀까지도 팔아 버렸네."**2**　　　　　　　　　　(무명모음집 392)

4　페르메의 압바 테오도로스가 압바 마카리오스에게 가서 말했다. "내게는 아름다운 책 세 권이 있는데, 그 책에서 얻는 유익이 많습니다. 형제들도 그 책을 빌려 읽고서 유익함을 얻습니다." 원로가 그에게 말했다. "그런 실천은 좋은 것이다. 하지만 무소유는 모든 것보다 더 큰 것이다." 그는 이 말을 듣고 책을 팔아 필요한 자들에게 그 값을 나누어 주었다.

　　　　　　　　　　(페르메의 테오도로스 1)

5　압바 이삭이 형제들에게 말했다. "우리의 교부들과 압바 팜보는 다 해어지거나 여기저기 기운 낡은 옷을 입고 다녔소. 그런데 지금 그대들은 값진 옷을 입고 있소. 여기에서 떠나시오. 그대들이 이곳을 황폐하게 만들었소."　　　　　　(켈리아의 이삭 7)

2.　에바그리오스, 《실천학》 97장에 나오는 금언으로 역시 무명으로 되어 있다.

6   압바 팜보가 말했다. "수도자는 독실 밖에 던져 놓아도 아무도 집어가지 않을 만한 그런 옷을 입어야 한다." (켈리아의 이삭 12)

7   그가 또 말했다. "그대가 쾌락과 돈을 사랑한다면, 하나님을 따라 사는 것은 불가능하다." (이시도로스 3)

8   압바 카시아누스가 말한 바로는, 한 원로원 의원이 자기를 부인하고 자기 재산을 가난한 자들에게 나누어 주었지만, 자신을 위해 쓰려고 얼마간을 남겨 두었다고 한다. 그는 완전한 가난이 낳는 겸손을 원하지 않았고, 공동생활의 규칙을 신실하게 따르려고도 하지 않았다. 그래서 거룩한 바실리오스는 이런 말을 해 주었다. "그대는 원로원직을 내려놓았지만, 그렇다고 수도자가 된 것도 아니오." (카시아누스 7)

9   한 형제가 압바 세라피온에게 질문했다. "한 말씀 해 주십시오." 원로가 그에게 말했다. "내가 그대에게 무엇을 말할 수 있겠나? 자네가 과부들과 고아들의 것을 취해서, 이 창가에 그걸 쌓아 놓았으니 말이야." 이는 그가 책으로 가득 찬 형제의 창틀을 봤기 때문이었다. (세라피온 2)

10   복된 자 신클레티케에게 가난이 정말 선한 것인지 묻자 그녀가 대답했다. "그것을 감당할 만한 사람들에게는 진실로 선한 것이다. 그것을 참고 견디는 자들은 육신으로는 고통을 느끼지만, 영혼의 쉼을 얻는다. 질긴 옷을 발로 밟고 사방으로 힘껏 돌리

면서 빨아 희게 하는 것처럼, 자발적인 가난은 강한 영혼을 더욱 강하게 한다." (신클레티케 5)

11 "수도자의 보물은 자발적인 가난이다. 형제여, 하늘에 보물을 쌓아 두자. 안식의 시간이 무한하기 때문이다. (히페레키오스 6)

12 필라그리오스라는 거룩한 교부가 예루살렘에 살면서, 자신의 빵을 얻고자 힘들여 일하고 있었다. 원로는 손으로 만든 것을 팔려고 시장에 갔다가, 수천 개의 금화가 든 돈주머니를 발견했다. 원로는 "잃어버린 자가 틀림없이 찾으러 오겠지"라고 말하며 그 자리를 지켰다. 그러자 얼마 후 그 사람이 울면서 왔고, 원로는 그에게 돈주머니를 건넸다. 그는 사례하려 했으나 원로가 거절하자 이렇게 소리치기 시작했다. "와서 보세요. 하나님의 사람이 무슨 일을 했는지!" 그러자 원로는 자기의 행위가 알려져 사람들이 자신을 칭송하게 될까 봐 몰래 도망쳐 도시를 빠져나왔다. (필라그리오스 14)

13 어떤 사람이 원로에게 돈을 주며 필요한 곳에 쓰라고 청하였다. 그러나 원로는 자신의 노동으로도 충분하다면서 이를 거절했다. 그런데도 그는 원로에게 궁핍한 자들의 필요를 위해서라도 돈을 받아 주십사 간청했다. 그러자 원로가 이렇게 말했다. "그것은 두 번 수치스러운 일이오. 내가 필요하지도 않은 것을 받는 것과 다른 사람의 것을 주면서 헛된 영광을 누리는 것 말이오." (무명모음집 258)

14 어떤 큰 인물이 외국에서 많은 금을 갖고 스케티스로 왔다. 그
는 그것을 형제들에게 주기를 사제에게 청하였다. 그러나 사제
는 그에게 "형제들은 그것이 필요하지 않습니다"라고 하였다.
그가 간곡히 청하면서 금이 든 바구니를 교회 문에 놓았다. 사
제는 "필요한 사람은 이것을 가져가도록 하시오"라고 말했다.
그런데 한 사람도 근처에 다가오지 않았고, 누구도 거들떠보지
않았다. 사제는 그에게 말했다. "하나님께서 그대의 자선을 받
으셨습니다. 가서 가난한 자들에게 이것을 주시오." 그는 크게
유익을 얻으며 떠났다.   (무명모음집 259)

15 어떤 자가 원로에게 돈을 가져와서 말했다. "연로하시고 병환이
드셨으니, 필요한 데 사용하시지요." 나병환자였던 원로는 이렇
게 대답했다. "육십 년이 넘도록 나를 먹이셨던 분을 내게서 앗
아 가려고 온 것이오? 보시오. 나는 오랜 세월 병중에 있었지만
아무것도 부족한 게 없소. 하나님께서 나를 먹이시고 필요한 것
을 공급하셨기 때문이오." 그리고 돈 받기를 거절하였다.

(무명모음집 260)

16 한 형제가 원로에게 물었다. "내가 아플 때를 위해 금화 두 개를
갖고 있어도 될까요?" 원로는 그걸 갖고자 하는 그의 생각을 보
고서, "그리하라"라고 대답했다. 독실로 돌아온 형제는 생각이
안정되지 않았다. 그는 "원로가 내게 진실을 말했을까?" 하며 이
를 되뇌었다. 그는 다시 원로에게 가서 엎드려 말했다. "주님의
이름으로 내게 진실을 말해 주십시오. 금화 두 개 때문에 사념

에 빠져 혼란합니다." 원로는 그에게 말했다. "나는 그대가 그것을 가질 것을 알았기에 그렇게 말했다네. 그러나 육의 필요 이상으로 갖는 것은 좋지 않네. 그대가 금화 두 개를 갖는다면, 그것에 그대의 희망을 두게 되네. 만약 그것을 잃는다면 하나님께서는 더 이상 그대를 돌보지 않으실 거야. 그러므로 근심을 주님께 맡겨야 하네. 그분이 돌보아 주실 걸세."　　　(무명모음집 262)

17　　압바 실바노스가 말했다. "나는 노예다. 내 주인이 내게 말씀하셨다. '나의 일을 하라. 그러면 내가 너를 먹일 것이다. 어떻게 너를 먹이는지 알려고 하지 마라. 내가 가졌는지, 훔치는지, 빌리는지, 너는 알려고 하지 마라. 다만 일하라. 그러면 내가 너를 먹일 것이다.' 그리하여 내가 일한다면, 나는 내 삯으로 먹게 된다. 내가 일하지 않는다면 나는 자선을 통해 먹는다."

(실바노스 9)

7

인내에 대한
가르침

끝까지 참고 주님을 기다림

시련이나 동요가 없다면 영혼은 전진할 수 없다. 하나님께서는 좌절과 절망을 통해서 영혼을 깨우치고 하나님을 의지하도록 이끄신다. 어둠 속에서도 인내한다면 섭리의 등불을 발견하게 되고, 동요하던 영혼은 평정에 이를 것이다.

1 거룩한 그레고리오스가 말했다. "그대가 철학에[1] 헌신하려 하면서 어려움을 예상하지 않는다면, 시작부터 잘못된 것이다. 아직 만나지 않은 어려움을 기다리는 것은 은혜이다. 어려움을 만난다면, 그것을 겪으면서 인내하라."

2 그가 또 말했다. "모든 싸움 중 첫째가는 것은 고향을 떠나는 것인데, 특히 홀로 있으면서 그렇게 하는 것이다. 낯선 곳으로 가는 자는 완전한 믿음과 희망과 자신의 의지를 이기는 확고한 마음을 얻기 위해 익숙하던 것을 포기한다. 그런데 마귀는 어려움이나 빈곤, 병에 대한 염려 등 모든 방법을 동원해 우리를 옥죈다. 그린 종류의 위험에 빠진다면, 그대를 알거나 돌보아 줄 사람이 아무도 없는 상황이라면 어떻게 해야 할까? 하나님의 선하심은 시험을 통해 그대의 열심과 하나님을 향한 사랑이 드러나도록 하신다."

(이사야 26, 1)

---

1. philosophia(필로소피아). 4-5세기 기독교인들에게 '철학'이란 기독교적 삶, 특히 수도적 삶을 의미한다.

3   켈리아에 머물며 홀로 있던 형제가 동요하게 되었다. 그는 압바
     테오도로스에게 가서, 자신의 동요를 말했다. 원로가 말했다.
     "가서 그대의 생각을 낮추시오. 순종하고 다른 자들과 더불어
     머물도록 하시오." 그리하여 그는 산으로 가서 다른 자들과 더
     불어 살았다. 그런 다음 그는 원로에게 되돌아 와서 말했다. "다
     른 사람들과 더불어 살아도 내게는 안식이 없습니다." 원로가
     그에게 말했다. "왜 수도자가 되었는가? 시련을 견디기 위해서
     가 아니었던가? 말해 보게나. 그대는 몇 년 동안 수도복을 입고
     있었는가?" 그는 "팔 년입니다"라고 말했다. 원로가 그에게 말했
     다. "실로 내가 수도복을 입은 지 칠십 년이 지났지만, 단 하루
     도 안식을 찾지 못했네. 그런데 그대는 팔 년 만에 안식을 찾기
     원하는가?"   (페르메의 테오도로스 2)

4   난쟁이 요안네스가 기도하자 하나님은 그에게서 동요를 거두어
     가셨다. 그래서 그는 어떤 원로에게 이렇게 선언했다. "이제 나
     는 쉼을 얻었고, 싸움도 없어졌습니다." 그러자 원로가 말했다.
     "가서 하나님께 간청하게. 싸움이 오게 해 달라고 말이야. 우리
     영혼은 싸움을 통해 진보한다네." 그리하여 그는 싸움 속에서도
     견딜 수 있는 인내를 달라고 간구했다.   (난쟁이 요안네스 13)

5   압바 마토에스가 말하곤 했다. "나는 너무 힘들어서 금세 중단
     되는 일보다는 가볍더라도 계속할 수 있는 일을 더 좋아한다."
                                                    (마토에스 1)

6   압바 포이멘이 말했다. "수도자의 표시는 시험받을 때 드러난
     다."   (포이멘 13)

7   한 형제가 압바 포이멘에게 물었다. "조금만 고통스러워도 내
     마음이 달아나니 어찌하면 좋겠습니까?" 원로가 그에게 말했
     다. "겨우 청소년이었던 요셉이 우상들의 땅인 이집트에서 어떻
     게 시험을 견뎌냈는지 알지 않는가? 하나님은 결국 그를 영화롭
     게 하셨네. 욥 또한 끝까지 하나님을 의지했지. 원수는 그의 소
     망을 교란할 수 없었네."   (포이멘 102)

8   그는 또 압바 이시도로스가 어느 날 회중에게 했던 말을 전했
     다. "형제들이여, 우리가 노고(勞苦)를 찾아 이곳에 온 것이 아닙
     니까? 그런데 이곳에는 더 이상 노고가 없습니다. 이제 나는 어
     려움과 고통이 있는 곳으로 가려고 합니다. 그런 곳에서라야 안
     식을 찾을 수 있기 때문입니다."   (포이멘 44)

9   복된 신클레티케가 말했다. "만약 그대가 수도원에[2] 산다면, 거
     처를 바꾸지 마십시오. 어미새가 품고 있던 알을 버리면 부화할
     수 없듯, 수도자나 동정녀가 이곳저곳으로 다니면 믿음이 식게
     됩니다."   (신클레티케 6)

---

2. mone koinobiou(모네 코이노비우). 문자적으로 '공동생활(koinobiou)의 장소(mone)'라는 의미
   이다.

10   그녀가 또 말했다. "마귀의 화살은 셀 수 없이 많습니다. 마귀는
궁핍으로 우리 영혼을 교란하지 못하면, 부(富)를 미끼로 들이댑
니다. 모욕이나 치욕으로 우리의 영혼을 교란하지 못하면, 칭찬
이나 영광을 보내 줍니다. 건강으로 실패했다면 우리 몸을 아프
게 할 것입니다. 쾌락으로 속일 수 없다면, 마귀는 억지로 수고
하게 함으로 우리 영혼을 후퇴하게 할 것입니다. 마귀는 하나님
께 허락을 받아 아주 중한 병으로 사람들을 약하게 만들고 하나
님에 대한 사랑을 혼미하게 합니다. 그대가 이런 것을 겪게 되
면, 다가올 벌과 영원한 불, 심판의 형벌을 기억하십시오. 그리
고 현실 앞에서 낙담하지 마십시오. 오히려 하나님이 그대를 지
켜보시는 것을 알고 더욱 기뻐하십시오. 그리고 축복받은 이 말
씀을 입술로 고백해 보십시오. '주님께서는 엄히 징계하셔도,
나를 죽게 버려두지는 않으신다'(시 118:18). 그대는 쇠붙이였으
니 불로써 녹을 닦아 내었습니다. 만약 거꾸로 그대가 의로운데
도 병들게 되었다면 그대는 가장 작은 데서 가장 큰 데로 전진
할 것입니다. 불을 통해 순금으로 단련될 것입니다. 그대의 몸
에 가시가 주어졌습니까?(고후 12:7 참고) 기뻐하십시오. 그대가
무엇과 같이 되었는지 생각하십시오. 실로 그대는 사도 바울에
게 합당하다고 인정받은 것입니다. 그대가 열병으로 시험받고,
독감으로 가르침을 받았습니까? 성경은 말하기를 '우리가 불 속
으로, 우리가 물속으로 뛰어 들었습니다. 그러나 주님께서 우리
를 마침내 건지셔서, 모든 것이 풍족한 곳으로 이끌어 주셨습니
다'(시 66:12)라고 했습니다. 그대에게 첫 번째 일이 일어났다면,
두 번째 일을 기다리십시오. 덕을 실천하면서 거룩한 다윗의 말

씀을 외치십시오. '나는 비천하고 아프니, 하나님, 주님의 구원의 은혜로 나를 지켜 주십시오'(시 69:29). 이런 삼중적인 고통으로 그대는 완전해질 것입니다. 다윗은 이렇게 말했습니다. '의로우신 나의 하나님, 내가 부르짖을 때에 응답하여 주십시오. 내가 곤궁에 빠졌을 때에, 나를 막다른 길목에서 벗어나게 해 주십시오. 나에게 은혜를 베푸시고, 나의 기도를 들어 주십시오'(시 4:1). 우리가 특히 이런 연습으로 영혼을 훈련해야 하는 것은 우리 눈앞에서 원수를 마주 보기 때문입니다."

(신클레티케 7)

11 그녀가 다시 말했다. "만일 우리가 병들게 되었다 해도, 병이나 몸의 허약함 때문에 큰 소리로 기도하거나 시편을 노래할 수 없다는 이유로 슬퍼하지는 맙시다. 이 모든 것은 우리의 욕망을 정화하는 것을 목적으로 합니다. 수치스런 욕망들 때문에 금식하거나 딱딱한 것 위에서 자도록 삶의 법이 만들어진 것입니다. 만약 병이 이런 것들을 무디게 한다면, 이런 실천은 헛된 것이 됩니다. 헛된 것에 대해 내가 무슨 말을 할 수 있습니까? 사실상, 동요로 인한 죽음의 위협은 병을 통해 약화됩니다. 병은 더 우월하고 더 강한 치료제와 같은 것입니다. 병을 인내하며 참고 전능자에게 감사의 찬송을 드리는 것이 바로 위대한 수덕(修德)입니다. 우리가 시력을 잃고 있습니까? 너무 고통스러워하지 맙시다. 만족할 수 없는 욕망의 기관을 상실했지만, 내면의 눈으로 우리는 주님의 영광을 거울처럼 보기 때문입니다. 우리가 귀머거리가 되었습니까? 헛된 소식을 완전히 비워 주신 은혜에

감사합시다. 우리의 손이 아픕니까? 그러나 우리는 원수와 싸울 준비가 되어 있는 내적인 손을 갖고 있습니다. 몸이 완전히 병들어 버렸습니까? 속사람의 건강은 오히려 더 좋아지게 됩니다."

(신클레티케 8)

12   그녀가 또한 말했다. "세상에서 범죄 한 자들은 원치 않을지라도 감옥에 던져집니다. 그리고 우리는 자신의 죄 때문에 우리 스스로를 감옥에 가두어야 합니다. 자발적인 재판으로 다가올 형벌을 피하기 위해서입니다. 그대가 금식을 행합니까? 병을 핑계 대지 마십시오. 금식하지 않은 자들도 그것과 유사한 병에 걸리기 때문입니다. 그대가 선을 행하기 시작했습니까? 원수가 방해한다고 하여 멈추지 마십시오. 원수는 그대의 인내를 통해 마비될 것이기 때문입니다. 항해를 시작하는 자들은 돛을 펼친 후에 먼저 순풍을 이용합니다. 그다음에 역풍을 만나게 되더라도 배의 기구들을 제거하지 않고 다소 기다리거나 심지어는 돌풍과 싸우면서 항해를 계속합니다. 적대적인 영(靈)[3]이 우리에게 불어올 때 우리도 마찬가지로 해야 합니다. 십자가를 돛처럼 펼쳐서 두려움 없이 우리의 항해를 끝냅시다.   (신클레티케 9)

13   암마 사라는 육십 년을 강 위에서 살았지만 강을 보기 위해 몸을 숙인 적이 한 번도 없다고 한다.   (사라 3)

---

3.   pneuma(프뉴마). '적대적인 바람', '맞바람' 혹은 '역풍'이란 뜻도 가능하다.

14 원로가 말했다. "우리가 더 나아지지 않는 이유는 자신의 분량을 모르기 때문이며, 인내가 없어서가 아니라 수고 없이 덕을 얻으려 하기 때문이다." (무명모음집 297)

15 어떤 원로가 말했다. "옛사람들은 다음의 세 가지 이유가 아니고서는 거처를 쉽사리 바꾸지 않았다. 어떤 자가 그들에게 아무리 노력해도 그를 변화시킬 수 없을 때, 많은 자들이 칭송하는 일이 생길 때, 그리고 부정(不貞)의 유혹이 자신을 사로잡을 때이다." (무명모음집 194)

16 한 형제가 어떤 원로에게 말했다. "생각이 산란하여 괴롭습니다." 원로가 그에게 말했다. "그대는 독실에 머물러 있게. 그러면 생각이 돌아올 것이네. 암나귀 한 마리가 묶여 있으면, 새끼 당나귀가 이리저리 달아나 어디에 있든 어미에게 다시 돌아오는 법이네. 마찬가지로 자신의 독실에서 절제하는 자의 생각은 좀 산란해진다 해도 다시금 그분 곁으로 돌아오게 마련이네." (무명모음집 198)

17 교부들이 말했다. "그대가 시험받을 때 시험이 있는 한 그 거처를 떠나지 마라. 그렇지 않으면 그대가 어느 곳으로 가든 피하려고 했던 바로 그것을 그대 앞에서 발견하게 될 것이다. 시험이 지나갈 때까지 머물라. 시험이 끝나 그곳을 떠날 때 다른 사람에게 상처가 되지 않도록 하고, 그곳에 있는 사람들이 고통을 받지 않도록 하라." (무명모음집 200)

18   열심 있는 한 수도사가 다른 형제들이 세상으로 돌아가는 것을
      보아도 실망하지 않는 법에 대해 물었다. 그러자 원로가 말했
      다. "수도자는 토끼를 쫓는 개들을 유심히 관찰해야 한다네. 어
      떤 개 한 마리가 토끼를 보고 쫓아가면, 다른 개들은 그 개를 따
      라가며 쫓지만 조금 달리다가 곧 뒤로 돌아온다네. 오로지 토끼
      를 본 개만이 그 토끼를 잡을 때까지 쫓아가게 되지. 다른 개들
      이 돌아가더라도 목표물에 집중하여 낭떠러지며 잡목, 가시덤
      불도 아랑곳하지 않네. 가시에 긁혀 살갗이 찢겨도 중단하지 않
      지. 주님 되신 그리스도를 구하는 자도 마찬가지네. 끊임없이
      십자가를 바라보며 십자가에 못 박히신 분에게 도달할 때까지
      모든 방해물들을 무시해야 하네."   (무명모음집 203)

19   한 원로가 말했다. "계속해서 나무를 옮겨 심으면 열매를 낼 수
      없듯이, 여기저기 옮겨 다니는 수도자 또한 열매를 거둘 수 없
      다."   (무명모음집 204)

20   원로들이 말하길, 수도자는 죽기까지 태만과 나태의 악과 싸우
      되, 특히 일과기도 시간에[4] 그렇게 해야 한다. 만약 하나님의 도
      우심으로 이것이 바로 잡힌다면 자기만족과 경솔함에 주의해
      야 한다. 그리고 "주님께서 집을 세우지 아니하시면 집을 세우

---

4. synaxis(시낙시스). 수도자들이 정해진 시간에 일상적으로 하던 기도이다. 바실리오스는 하
    루 여덟 번에 걸쳐 정해진 시간에 기도해야 한다고 하였다. 사막 전통에서의 일과기도는
    수실에서 홀로 혹은 여럿이 할 수도 있으며, 토요일과 주일에는 교회에 모여 공동으로 기
    도하기도 했다. '일과기도' 외에도 '공동기도' 혹은 그냥 '기도'라고 번역하기도 했다.

는 사람의 수고가 헛되며"(시 127:1)라고 말해야 한다. 실로 사람은 "흙과 재로 되어 있을 뿐이다."[5] 하나님은 "교만한 자를 물리치시고 겸손한 자에게 은혜를 주신다"(약 4:6)는 것을 기억하라.

(무명모음집 374)

21 독수처를 떠나려 할 정도로 사념(邪念)에 짓눌렸던 한 형제가 자신의 사부에게 그것을 털어놓았다. 사부는 이렇게 말했다. "가서 그대의 독실에 앉아 있게나. 그리고 그대의 몸을 독실 벽에 스스로 저당하여 그곳에서 나오지 말게. 그대의 생각이 원하는 것을 생각하도록 내버려 두게. 단 그대의 몸만은 독실에서 나가지 않도록 하게."

(무명모음집 205)

22 어떤 원로가 가난한 나사로에 대해 말했다. 그는 주님이 불쌍히 여겨 주지 않았지만 결코 불평하지 않았다. 오히려 감사함으로 자신의 고통을 감수했는데, 이것이 우리가 나사로에게서 찾게 되는 덕이다. 이 때문에 그는 하나님의 영접을 받았다.

(무명모음집 376)

23 어떤 형제가 시험에 빠져 수도 규칙을 어겼다. 다시 시작하려 했으나 좌절과 실망감에 꼼짝할 수 없었다. "언제라야 이전의 나를 되찾을 수 있을까?" 그는 낙담하여 수도자의 일을 시작할 수 없었다. 그리하여 어떤 원로에게 가서 자신의 문제를 이야

---

5. 시락서 17:32

기했다. 그러자 원로는 고통스러워하는 그에게 다음의 이야기를 들려주었다. "어떤 사람에게 밭이 있었는데 그가 밭을 돌보질 않았네. 결국 밭은 불모지가 되어 엉겅퀴와 가시덤불로 뒤덮이고 말았다네. 후에 그는 밭을 경작하기로 하고 자기 아들에게 말했지. '가서 밭을 일구어라.' 밭에 간 아들은 그 풀을 보고 일할 엄두조차 나질 않았어. '언제쯤이면 이 풀을 전부 뽑고 이 밭을 다 일굴 수 있을까?' 낙담한 아들은 잠을 잤네. 그러기를 여러 날 계속했지. 후에 아버지는 아들이 아무것도 하지 않은 걸 보고서 그에게 말했다네. '아들아 어찌하여 지금까지 아무 일도 하지 않았느냐?' 아들이 대답했네. '아버지, 일을 시작하려고 했는데, 이 많은 풀을 보고서 질려 버렸습니다.' 아버지가 그에게 말했네. '내 아들아, 날마다 네 이불 넓이만큼만 하여라. 그러면 일이 진척될 것이야.' 그는 들은 대로 행했고 얼마 지나지 않아 밭을 다 일굴 수 있었네. 형제여, 그대도 이처럼 조금씩 일하게나. 그러면 낙담하지 않고 이전의 모습을 되찾게 될 걸세." 형제는 가서 인내하며 머물렀고, 원로의 가르침대로 행했다. 그리고 비로소 안식을 찾았다. (무명모음집 208)

24 홀로 살아가던 켈리아의 한 원로가 병들게 되었다. 그를 시중들 사람이 아무도 없었기에, 그는 독실에 있는 것을 찾아 먹으며 삼십 일을 버텼다. 그를 찾아오는 사람이 아무도 없자 하나님은 그에게 천사를 보내 시중을 들도록 하였다. 천사가 칠 일동안 머물렀을 때에 교부들이 원로를 생각하며 서로 말했다. "원로를 보러 가세. 혹 그가 아프지 않을까 염려되네." 그들이

와서 문을 두드리자 천사가 물러갔다. 원로는 안에서 "형제들, 여기서 떠나시오"라고 소리를 질렀다. 그러나 그들은 문을 밀치고 들어가 왜 소리를 질렀는지 물었다. 그는 그들에게 "내가 수고하며 삼십 일을 보냈지만, 아무도 나를 찾아오지 않았습니다. 그런데 하나님께서 천사를 보내 칠 일 전부터 내 시중을 들도록 했습니다. 그대들이 오자 천사가 내게서 떠나갔습니다." 형제들은 하나님께 영광을 돌리며 경탄했다. "주님은 당신께 희망을 두는 자들을 버리지 않으시는구나."   (무명모음집 212)

25 "내가 옥시린코스에 있을 때, 토요일 저녁 가난한 사람들이 거기에 와서 자선을 받곤 했다. 그들이 누워 있었는데, 거적 밖에는 아무것도 없는 자가 있었다. 그는 거적의 절반은 밑에 깔고 다른 절반은 자기 위에 덮고 있었다. 그때 날씨가 아주 추웠는데 소변을 보려고 밖에 나갔다가 그가 추위로 고통스러워하면서도 이런 말로 자기 스스로를 위로하는 것을 들었다. '주님, 감사합니다. 지금 얼마나 많은 부유한 자들이 쇠사슬에 묶여 있으며, 얼마나 많은 자들이 발에 차꼬를 찬 채 스스로 소변조차 볼 수 없는 상황에 있습니까? 그러나 저는 마치 왕처럼 다리를 뻗고 자며 가고 싶은 곳에 갑니다.' 들어가서 형제들에게 이 이야기를 전하자 그들도 큰 유익을 얻었다."   (무명모음집 214)

26 "권투 경기에서 선수가 주먹을 사용하는 것처럼, 수도자는 하늘을 향해 손을 뻗고 하나님의 도우심을 청함으로써 사념(邪念)을 물리쳐야 한다. 싸우는 자는 스승에게서 싸움의 기술을 배운 다

음 벗은 채로 경기장에 선다. 상대 선수는 그의 얼굴 앞에 모래를 뿌려서 그를 쉽게 이기려 한다. 수도자여, 우리는 싸우는 자이고, 우리의 상대는 원수이다. 모래는 세상일이다. 그대는 적의 전술을 안다. 그러므로 흔들림 없이 서 있으라. 그러면 승리한다. 정신이 물질적인 일로 무거워지면 거룩한 말씀을 받지 못하게 된다."

(무명모음집 406)

27   한 원로가 말했다. "밀랍을 데우거나 주무르지 않으면 인장을 찍을 수 없듯이, 노고와 질병으로 연단되지 않는 사람은 그리스도의 힘을 받을 수 없다. 그 때문에 주님은 거룩한 바울에게 '내 은혜가 네게 족하도다 이는 내 능력이 약한 데서 온전하여짐이라'(고후 12:9)라고 말씀하셨다. 그리고 사도 바울 자신도 '도리어 크게 기뻐함으로 나의 여러 약한 것들에 대하여 자랑하리니 이는 그리스도의 능력이 내게 머물게 하려 함이라'(고후 12:9)라고 고백하면서 스스로를 영화롭게 하였다."

(포티케의 디아도코스, 《영적 완전을 위한 백계》 94)

28   한 교부가 모처에서 아름답게 살아가고 있었다. 그에게는 동생이 있었는데 라우라의[6] 지도자였다. 그는 이렇게 생각했다. '내가 왜 여기서 고생하며 살고 있나? 동생에게 가면 필요한 것을 얻을 수 있을 텐데.' 그는 동생에게 갔고 동생도 그를 보고 기뻐

---

6. laura(라우라). 한 수도원 안에 공주수도와 독수주의를 결합한 형태의 수도적 삶을 가리킨다.

했다. 그는 "여기 머물고 싶어. 독실 하나를 내게 주어 내가 머물 수 있도록 해 다오"라고 했다. 동생은 그에게 독실을 주었다. 그러나 그 이후로 형이 거기 있다는 사실을 잊어버렸다. 라우라의 사람들은 그가 수도원장의 형제라는 것을 알고 아무것도 갖다 주지 않았고, 초대해서 빵을 주지도 않았다. 그러나 그는 경건한 자였기에 어느 누구도 성가시게 하지 않았다. 그는 "내가 여기 머무는 것이 하나님의 뜻이 아니구나!"라고 생각하였다. 그는 독실의 열쇠를 들고 가 동생에게 주면서 말했다. "용서해라. 난 여기에 머물 수 없다." 그러자 동생은 놀라면서 말했다. "여기에 언제 오셨습니까?" 그는 독실 열쇠를 주지 않았냐고 반문했다. 이에 동생이 말했다. "형님이 여기 왔다는 사실을 잊고 있었습니다. 주님의 이름을 걸고 말해 주세요. 그 동안 어떤 생각이 들었습니까?" 그가 말했다. "나는 그대 옆에서 쉴 수 있으리라는 희망을 갖고 왔었네." 동생은 "하나님께서 내가 잊어버리도록 하신 것은 옳은 것입니다. 형님이 하나님을 바라지 않고 나를 바란 까닭입니다"라고 하였다. 그는 일어나서 처음 머물렀던 곳으로 되돌아갔다.

8

드러내지 않음에 대한 가르침

인정받고자 하는 마음 내려놓기

타인의 사랑을 구하는 태도는 걸인이 동냥하는 것과 비슷하다. 사람들의 환심을 얻고자 한다면 하나님을 사랑할 수 없다. 모욕과 경멸은 영혼의 허영을 치료한다.

1   수도자들이 압바 안토니오스 앞에서 한 형제를 칭찬했다. 안토니오스는 그가 수도원을 방문했을 때 모욕을 잘 참는지 시험했다. 그런데 그가 모욕을 견디지 못하는 것을 보고는 이렇게 말했다. "그대는 앞은 잘 꾸며져 있지만 뒤로는 강도들이 우글거리는 마을과 같습니다."   (안토니오스 15)

2   압바 아르세니오스와 페르메의 압바 테오도로스는 모든 허물 중에서 사람들에게 존경받는 것을 가장 싫어했다. 압바 아르세니오스는 누구든 쉽게 만나 주지 않았으며, 압바 테오도로스는 만나는 주되 칼처럼 냉랭했다.   (아르세니오스 31)

3   압바 실바노스의 제자였던 압바 제논이 말했다. "절대로 유명한 장소에 머물지 마라. 높은 명성을 가진 인물과 함께 거하지 마라. 그리고 언제든 자신을 위해 독실을 지으려고 기초를 놓지 마라."   (제논 1)

4   "허영을 이기고 하나님을 알기 위해 달려가는 것은 귀한 것이다. 허영의 손에 떨어지는 자는 평화에서 멀어지고, 거룩한 자

95

들에 대해서 마음이 완고해지며 결국 모든 악의 어머니인 교만이라는 위험한 자신감에 빠진다. 그러니 그리스도의 신실한 종인 그대는 자신이 행하는 것을 숨기고, 사람들을 즐겁게 하려는 태도 때문에 그대가 행한 것의 보상을 잃지 않도록 조심하라. 사람에게 보여 주려고 행하는 자는 주께서 말씀하신 대로 이미 자기 몫을 받았다"(마 6:2 참고).   (이사야 17, 2)

5   "사람들에게 칭송받기 좋아하는 사람은 시기심을 가지지 않을 수 없다. 그런 사람에게서는 겸손함을 찾을 수 없다. 그는 자기의 영혼을 원수에게 넘기는 것이며, 원수는 그를 수많은 악으로 이끌어 파괴한다."   (이사야 2)

6   압바 이사야가 또 말했다. "허영을 피하라. 그러면 다가올 세상에서 하나님의 영광에 합당한 자가 될 것이다."

7   어느 날 한 형제가 페르메의 압바 테오도로스에게 가서 사흘을 보내며 그에게 한 말씀 듣기를 청했다. 하지만 그는 별말이 없었고, 그 형제는 실망하며 떠났다. 원로의 제자가 말했다. "스승님, 어째서 그에게 아무 말씀도 하지 않으셨습니까? 그가 슬퍼하며 떠났습니다." 그러자 원로가 말했다. "그것은 그가 불의한 장사치였기 때문이지. 그 사람은 타인의 말로 자신이 칭송받고자 한다네."   (페르메의 테오도로스 3)

8   한 형제가 와서 자신이 아직 행하지 않은 것을 말하며 토론하

기 시작했다. 원로는 그 형제에게 말했다. "그대는 아직 배를 건조하지도 않았고, 짐을 싣지도 못했다네. 아직 항해를 시작하기 전인데도, 이미 도시에 도착한 것처럼 말하고 있군. 먼저 행하게나. 그런 다음 지금 자리로 돌아오게." (페르메의 테오도로스 9)

9 압바 세라피온에게 한 형제가 왔다. 그는 관례대로 기도하자고 청했다. 그러나 형제는 자신이 죄인이며 수도자의 옷에 합당하지 않다고 말하며 거절했다. 원로가 그의 발을 닦아 주려 했지만, 그는 같은 말을 되풀이하며 받아들이지 않았다. 원로는 그에게 음식을 권하면서 사랑으로 그를 권면했다. "내 아들아, 진보하기 원한다면 자기 독실에 머무르게나. 그리고 그대 자신과 손으로 하는 노동에 주의를 기울이게. 나다니는 것이 이롭지 않은 것은, 그것이 한 자리에 머무는 것만큼 유익하지 못하기 때문이지." 그는 이 말을 듣고 아주 분한 생각이 들어 안색이 변했다. 압바 세라피온은 이것을 놓치지 않고 그에게 말했다. "지금까지 그대는 '나는 죄인입니다'라고 말했다네. 스스로 살 만한 가치조차 없다고 정죄했네. 그런데 내가 그대를 사랑으로 권하자 화를 냈지. 그대가 진정으로 겸손하고자 한다면, 다른 사람이 그대에게 말한 것을 용감히 참아 내는 것을 배우게. 그리고 속없는 말을 속에 담아 두지 말게나." 이 말을 들은 형제는 잘못을 뉘우쳤고, 커다란 유익을 얻으면서 물러갔다. (세라피온 4)

10 하루는 어떤 관료가 압바 모세에 대해 듣고 그를 만나러 스케티스에 갔다. 원로는 이 소식을 전해 듣고는 늪지로 몸을 피했다.

그런데 길에서 그 관료와 마주쳤다. 관료는 "원로시여, 압바 모세의 독실이 어딘지 말씀해 주십시오"라고 말했다. 이에 그는 "그대들은 그에게서 무얼 원하십니까? 그 자는 혼미한 데다 이단자인 걸요"라고 하였다. 그러자 그 관료는 교회로 가서 사제들에게 이 사실을 말했다. 이 말을 듣고 사제들은 슬퍼하면서 그에게 말했다. "그 거룩한 분을 그렇게 말한 원로는 어떤 자입니까?" 그들은 "키가 크고 피부가 까무잡잡하며 낡은 옷을 입었습니다"라고 말했다. 사제들이 말하기를 "그분이 바로 압바 모세입니다. 그가 여러분을 만나길 원치 않아서 스스로를 그렇게 말한 것입니다." 그러자 그 관료는 크게 유익을 얻으며 물러갔다. (모세 8)

11 한 형제가 압바 마토에스에게 이렇게 물었다. "내가 어딘가에 가서 머문다면, 그곳에서 어떻게 살기를 바라시는지요?" 원로가 그에게 말했다. "그대가 살게 되는 곳에서 그대 자신의 이름을 떨치려고 애쓰지 말게. 예를 들어 '나는 공동기도 모임에 나가지 않는다'거나 '나는 애찬을 먹지 않는다' 하는 것 말일세. 이런 것들은 공허한 명성을 가져다줄 테고, 사람들이 그런 것을 구하려고 그대가 사는 곳으로 달려오기에 그대는 혼미하게 될 걸세." (마토에스 1)

12 한번은 그 지역의 관료가 압바 포이멘을 만나고자 했는데 그가 만나주지 않았다. 그러자 그 관료는 원로의 조카가 악행을 저질렀다는 핑계로 감옥에 가두고는 "원로가 와서 간청한다면 그를

풀어 줄 것이다"라고 말했다. 그의 누이는 울면서 문 앞으로 왔다. 하지만 포이멘은 아무런 대답이 없었다. 누이가 그를 나무라며 "오라버니는 청동같이 냉정하군요. 내게는 하나밖에 없는 자식인데 그를 불쌍히 여겨 주세요!"라고 말했다. 그러나 그는 사람을 보내서 "포이멘은 자식을 낳은 적이 없다"라고 대답했다. 관료는 이 소식을 듣고 "포이멘이 내게 와서 한마디라도 한다면 나는 그를 풀어 줄 것이다"라고 말했다. 하지만 원로는 사람을 보내 이렇게 전했다. "법에 따라 그를 심판하시오. 그렇지 않다면 원하는 대로 하시오."   (포이멘 5)

13   압바 포이멘이 말했다. "사람들의 사랑을 얻으려고 노력하는 자는 하나님의 사랑에서 떨어져 나간다. 모든 사람의 마음에 들려고 하는 것은 좋지 않다. 기록되었으되, '모든 사람이 너희를 칭찬하면 화가 있도다'(눅 6:26)라고 하였다."   (시내 사본 671)

14   그가 또 말했다. "그대의 혀가 가르치는 것을 그대의 마음이 지키도록 하라."   (포이멘 63)

15   그가 또 말했다. "사람들은 완덕(完德)에 대해 말하면서도 가장 작은 행함조차 하지 않는다."   (포이멘 56)

16   압바 라이투의 아문이 압바 시소에스에게 이렇게 물었다. "내가 성경을 읽을 때에, 내 마음은 사람들의 질문에 답하거나 훌륭한 설교를 준비하기에 여념이 없습니다." 원로는 그에게 말했다.

"그런 건 필요 없습니다. 오히려 깨끗한 마음으로 이해하고 말할 수 있도록 하시오."

(시소에스 17)

17 어느 날 한 관료가 압바 시몬을 보러 왔다. 그런데 그는 이 소식을 듣고 허리띠를 매고 빨마 나무(종려나무-역주)에 기어 올라가 가지치기를 했다. 방문객들이 도착해서 그에게 소리쳤다. "사부님, 은수자는 어디 계십니까?" 그는 그들에게 "여기에는 은수자가 없습니다"라고 대답했다. 이 말을 듣고 그들은 물러났다.

(시몬 1)

18 또 한 번은 다른 관료가 그를 보러 오기도 했다. 그런데 성직자들이 앞장서서 말했다. "사부님, 준비하십시오. 관료가 당신에 대해서 듣고 축복기도를 받으러 온답니다." 그가 말했다. "그래. 내가 준비하지." 그리하여 그는 아주 낡은 옷으로 갈아입고 손에 빵과 치즈를 든 채 입구에 앉아 먹고 있었다. 관료가 하급관리들과 함께 도착해서 그를 보고는 비웃으며 말했다. "저자가 우리가 소문으로 듣던 그 은수자인가?" 그들은 곧 몸을 돌이켜 가버렸다.

(시몬 2)

19 "보물이 발견되면 곧 없어져 버리듯, 세간에 수도자의 덕이 알려지고 드러나면 사라지고 만다. 초가 불에 다가가면 녹아 버리듯, 영혼이 칭송받으면 산만하게 되어 약동을 잃게 된다."

(신클레티케S 3)

20 "풀이 동시에 씨가 될 수 없듯이, 우리가 세상의 영광으로 둘러싸이면 하늘의 열매를 거두는 것이 불가능하다." (신클레티케S 4)

21 에우로기오스라는 자는 사제이자 수덕가로, 거룩한 대감독 요안네스의 제자였다. 그는 이틀 동안 금식하고 자주 한 주간 내내 금식하기도 했는데 빵과 소금만을 먹었다. 그는 사람들에게 존경을 받았다. 그런데 그는 더욱더 엄격한 삶을 기대하며 파네포에 있는 압바 요셉에게 갔다. 원로는 기쁨으로 에우로기오스를 맞이하고 자신이 가진 것으로 그를 먹였다. 그런데 에우로기오스의 제자들이 자신들의 스승을 놓고 "우리 사제는 빵과 물과 소금 외에는 먹지 않습니다"라고 하였다. 압바 요셉은 잠자코 먹고 있을 뿐이었다. 그들은 사흘을 지냈지만 요셉과 그의 제자들이 시편을 낭송하는 소리나 기도하는 소리를 듣지 못했는데, 이는 그들이 드러나지 않게 행하기 때문이었다. 그리하여 에우로기오스와 그의 제자들은 아무런 유익을 얻지 못하고 떠났다. 그런데 하나님의 섭리에 따라 안개가 끼었고, 그들은 길을 잃어 원로에게 되돌아왔다. 문을 두드리기 전인데, 그들은 시편을 낭송하는 소리를 들었기에, 오랫동안 기다렸다가 마침내 문을 두드렸다. 압바 요셉은 그들을 기쁨으로 맞아들였다. 압바 요셉의 제자들이 물 항아리를 들어 더위에 목이 마른 에우로기오스에게 주었다. 그런데 그것은 바닷물과 강물을 섞은 것이어서 마실 수가 없었다. 에우로기오스는 정신이 번쩍 들었고 원로의 발에 엎드려 삶의 방식이 어떠한지 가르쳐 달라고 간청했다. "사부님, 어떤 연유입니까? 전에는 찬송을 안 하셨는데 지금 우리가

떠난 다음에는 찬송을 하셨습니다. 그리고 물을 마시려고 항아리를 들었더니 짠물인 것을 확인했습니다." 원로는 그에게 "그 형제가 정신이 혼미했던 게로군. 실수로 바닷물을 섞어 놓은 것이겠지." 그러나 에우로기오스는 원로에게 간청하여 진실을 알고자 했다. 그러자 압바 요셉이 그에게 말하기를 "이 작은 포도주 잔은 애찬을 위한 것이네. 하지만 이 물은 형제들이 늘 마시는 것이라네"라고 하였다. 그리고 원로는 에우로기오스에게 사념(邪念)을 분별하는 법을 가르쳤고 그에게서 인간적인 모든 것을 제거하여 주었다. 그리하여 그는 여느 사람처럼 행동했고, 후로는 사람들이 그에게 가져오는 모든 음식을 먹었으며, 은밀하게 행하는 것을 배웠다. 그는 원로에게 "그대들의 행함은 진실합니다"라고 말했다.   (에우로기오스)

22   한 원로가 말했다. "사람들의 마음에 들려고 하는 욕구는 그 사람에게서 모든 풍요로움을 거두어 버려 그를 메마르게 만든다."
                                        (시내 사본 372)

23   그가 또 말했다. "자기의 선행을 드러내어 세상에 알리고자 하는 자는 길바닥에 씨를 뿌리는 자와 같다. 공중의 새가 와서 그 씨앗을 먹어 버린다. 그러나 자신의 삶의 방식을 감추고자 하는 자는 밭고랑에 씨를 뿌린 자와 같아서 나중에 풍성하게 수확할 것이다."

24   한 원로가 말했다. "진실로 사람들을 피하시오. 사람들과 세상

을 비웃으면서 그대 자신이 어리석은듯 행동하시오."

(무명모음집 320 = 오르 14)

25 빵을 먹지 않던 한 수덕가 형제가 위대한 원로에게 갔다. 그런데 그곳에는 다른 낯선 자들이 있었고, 원로는 그들을 위해 약간의 음식을 요리하도록 했다. 그들이 함께 앉아서 먹는데, 그 수덕가 형제는 홀로 물에 불린 콩을 먹었다. 그들이 일어서자 원로는 그 형제를 따로 불러 말했다. "형제여, 누군가의 집에 간다면 그대의 삶의 방식을 드러내지 마시오. 그것을 지키고자 한다면 그대의 독실에 머물고 결코 밖으로 나오지 마시오."

(무명모음집 257)

103

판단하지 않음에 대한
가르침

비판하려는 입에 재갈 물리기

타인의 잘못에서 자신의 잘못을 보는 자는 복이 있다. 영적인 삶은
자기성찰을 통해 자기인식에 도달한다. 진정한 영적 전쟁은 타인과
싸우지 않고 자기 자신과 싸우는 것에서 시작된다.

1   압바 엘리야의 공주수도원에 있던 한 형제가 유혹에 빠지게 되
     었다. 함께 있던 사람들이 그를 쫓아내자 그는 압바 안토니오스
     가 있는 산으로 갔다. 안토니오스는 얼마간 그 형제를 머무르게
     하다가 다시 공주수도원으로 돌려보냈다. 하지만 형제들은 다
     시 그를 쫓아냈다. 그는 압바 안토니오스에게 와서 "그들이 저
     를 받아주지 않습니다"라고 말했다. 그러자 원로는 그곳에 사람
     을 보내어 이렇게 전했다. "배 한 척이 바다에서 조난을 당해 모
     든 짐을 잃고 간신히 육지에 도달했습니다. 그런데 그대들은 그
     배를 다시 바다에 던지려는 것입니까?" 그 후 압바 안토니오스
     는 그를 다시 돌려보냈고, 그들은 그를 즉시 받아들였다.

                                                        (안토니오스 21)

2   한 형제가 죄를 지어서 사제가 그를 쫓아냈다. 그때 압바 베사
     리온이 일어나서 그와 함께 나가면서 말했다. "나 또한 죄인입
     니다."
                                                        (베사리온 7)

3   "어떤 허물에 대해서 그대의 이웃을 판단하려는 생각이 들면,
     먼저 그 사람보다 그대 자신이 죄인임을 생각하라. 스스로가 선
     (善)을 행하고 있다고 평가하지 않는다면 자기 이웃을 정죄하지

                                    105

도 않을 것이다." (이사야 26, 3)

4   그는 또 말했다. "그대의 이웃을 판단하지 말라. 그리고 자기 자
      신을 무시하지도 말라. 이는 양심이 쉼을 얻는 곳이다."

5   테베 사람인 압바 이삭이 어떤 공주수도원에 갔을 때 한 형제가
      잘못을 범한 것을 보고 그를 재판에 회부했다.[1] 압바 이삭이 사
      막의 독수처로 다시 돌아왔는데 주님의 천사가 독실의 문 앞에
      서 그를 막아섰다. 그가 연유를 묻자 천사가 대답했다. "하나님
      께서 나를 보내셔서 이렇게 전하라고 하셨다. '그에게 말하라.
      죄를 범한 그 형제를 내가 어디로 보내기를 원하는가?'" 압바 이
      삭은 즉시로 엎드렸다. "내가 죄를 지었습니다. 용서하여 주십
      시오." 그러자 천사가 말했다. "일어나라. 주님께서 너를 용서하
      셨다. 앞으로는 하나님이 판단하시기 전에 누군가를 판단하지
      않도록 조심하여라."

                                                    (테베 사람 이삭 1)

6   한 형제가 잘못을 범해서 회의가[2] 열렸다. 사람들이 압바 모세
      를 청했지만 그는 거절했다. 그리하여 한 사제가 그에게 사람을

---

1. ekrinen auton(에키넨 아우톤). 문자적으로는 '그를 판단했다'이지만 의미상으로는 수도원의
   재판에 넘겨 판결한 것을 의미한다. 공주수도원은 공동생활의 속성상 잘잘못을 가리는
   재판위원회 같은 기구를 갖추고 있는 것이 상례였다. 바실리오스의 대규칙 26번과 대규
   칙 37번이 재판위원회의 존재를 알려 주는 예가 된다. 스케티스에도 이와 비슷한 것이 존
   재했다.

2. synedrion(시네드리온)

보내어 말했다. "오십시오. 무리가 모여 그대를 기다리고 있습니다." 그는 일어나서 구멍 뚫린 바구니에 모래를 가득 담아 등에 짊어지고 왔다. 사람들이 그를 만나러 와서 지고 있는 것이 무엇이냐고 물었다. "내 죄가 등 뒤에서 이렇게 흘러내리는데도 나는 보이지 않네. 그런데 이런 자가 오늘 타인의 죄를 판가름하기 위해서 이렇게 왔다네." 이 이야기를 듣자 사람들은 아무 말도 하지 않고 그 형제를 용서했다.   (모세 2)

7   압바 요셉이 어떻게 수도자가 되는지 묻자 압바 포이멘이 말했다. "그대가 다가올 세상에서 안식을 찾고 싶다면 언제나 '나는 누구인가?' 하고 질문하시오. 그리고 누구도 판단하지 마시오."
(파네포의 요셉 2)

8   한 형제가 압바 포이멘에게 물었다. "형제의 허물을 볼 때 그것을 덮어 주는 것이 좋습니까?" 원로가 말했다. "우리가 형제의 허물을 덮어 줄 때 하나님도 우리의 허물을 덮어 주신다네. 우리가 형제의 허물을 드러낸다면, 하나님도 우리의 허물을 드러내실 거야."   (포이멘 64)

9   한 형제가 압바 포이멘에게 물었다. "독실에 머물며 수행하는 일에 자꾸 태만해집니다." 원로가 말했다. "어느 누구도 무시하지 마시오. 어느 누구도 판단하지 마시오. 어떤 사람에 대해서도 악한 말을 하지 마시오. 그러면 하나님께서 그대에게 안식을 주실 것이고 그대는 독실에서 흔들림 없이 머물 수 있을 겁니다."

10   한번은 스케티스에서 회의가[3] 열렸는데, 교부들이 한 형제가 죄
      를 범한 것에 대해서 말했다. 그런데 침묵하고 있던 압바 피오
      르가 갑자기 일어나더니 나가서 모래를 채운 자루를 등에 짊어
      지고 오는 것이었다. 그리고는 조그마한 바구니에 모래를 담아
      자기 앞에 두었다. 교부들이 무슨 연유냐고 묻자 그가 말했다.
      "많은 모래가 들어 있는 이 자루는 나의 흠입니다. 그것이 어찌
      나 많던지 그걸 놓고 애통해 하는 수고를 하지 않으려고 내 등
      에 두었습니다. 내 앞에 있는 작은 바구니는 그 형제의 죄입니
      다. 나는 형제를 판단하려고 신경을 곤두세우고 있지만 오히려
      내 잘못을 앞에 두고 염려하며, 용서하여 달라고 하나님께 간청
      해야 할 것입니다." 교부들은 이 말을 듣고 "참으로 이것이야말
      로 구원의 길이군요"라고 말했다.   (피오르 3)

11   "자기 스스로 절제한다고 할지라도 부정(不貞)을 저지른 다른 사
      람을 판단하지 말라. 만약 그리하면, 그자처럼 그대 또한 법을
      어기는 것이 된다. '간음하지 말라'(마 5:27)고 말씀하신 분께서
      '비판하지 말라'(마 7:1)고도 말씀하셨다."   (무명모음집 11)

12   한 교부가 형제가 죄를 범하는 것을 보고 비통하게 울면서 말했
      다. "그는 오늘 죄를 범했지만, 나는 내일 죄를 지을 것이다."
                                                (무명모음집 327)

---

3. synedrion(시네드리온).

13 "어떤 사람이 그대 앞에서 죄를 짓는다 해도, 그를 판단하지 말고, 그대 자신이 그 사람보다 더한 죄인이라고 여기라. 그가 잘못한 것을 눈앞에서 보지만, 회개하는 것은 보지 못하는 까닭이다."

(무명모음집 327)

14 "형제가 죄짓는 것을 보게 되면, 그를 꾸짖어야 하는지요?" 한 교부가 이렇게 묻자 압바 포이멘이 말했다. "나로 말하자면, 죄를 짓는 자를 볼 때 그냥 지나치기만 할 뿐 꾸짖지는 않는다네."

(포이멘 113)

15 압바 파프누티오스가 말했다. "한번은 안개 때문에 길을 잃고 어느 마을 가까이에 이르렀는데 수치스러운 대화를 하는 자들을 보았다. 나는 급하게 몸을 돌려 하나님 앞에서 나 자신을 정죄했다. 그러자 검을 든 하나님의 천사가 내게 말했다. '파프누티오스여, 자기의 형제를 판단하는 자들은 모두 이 검으로 멸망당할 것이다. 그러나 너는 옳게 행동하였다. 다른 사람을 정죄하는 대신에, 마치 네가 죄를 범한 것처럼 하나님 앞에서 너 자신을 낮춘 까닭이다. 아울러 너의 이름이 생명책에 기록되었다.'"

(파프누티오스 1)

10

분별에 대한
가르침

신중하게 진리 따르기

믿음과 이성은 하나님의 선물이다. 이성은 믿음의 빛으로 밝혀져야
하고, 믿음은 올바른 사유를 통해 인도받아야 한다. 직관과 성찰을
통해 사물의 본질을 파악해야 한다. 지성의 분별력 없이는 덕에 이를
수 없다.

1 "수덕(修德)으로 자신의 몸을 으스러트리지만, 분별이 부족하여
   하나님으로부터 멀어지는 자들이 있다."   (안토니오스 8)

2 사막에서 야생 동물을 사냥하던 자가 압바 안토니오스가 쉬는
   것을 보고 상심하였다. 원로는 그에게 활을 힘껏 당기라고 말하
   고는 다시금 활을 더 세게 당겨보라고 했다. 그러자 사냥꾼은
   "지나치게 활을 당기면 활이 망가집니다"라고 했다. 압바 안토
   니오스는 그에게 "하나님의 일도 마찬가지이네. 내 생각만 하고
   지나치게 형제들을 독려하면 그들은 금방 탈진할 걸세. 그러니
   때로 나도 그들에게 맞추어 줄 필요가 있네"라고 말했다. 사냥
   꾼은 이 말을 듣고 큰 유익을 얻은 후 물러났다. 형제들 또한 힘
   을 얻어 자신들의 거처로 되돌아갔다.   (안토니오스 13)

3 한 형제가 압바 아르세니오스에게 물었다. "하나님은 왜 선한
   자들의 몸을 치시며, 그들이 죽을 때 커다란 고통에 빠지게 하
   시나요?" 원로가 그에게 대답했다. "그들을 정화시켜 인도하시
   기 위함이네."   (무명모음집 568)

4 한 원로가[1] 복된 아르세니오스에게 물었다. "이집트 농부들은 덕을 지녔는데, 학식과 지혜가 있는 우리는 어째서 덕이 없을까요?" 압바 아르세니오스가 그에게 말했다. "우리는 세상의 교육에서 아무것도 얻는 게 없지만 이집트 농부들은 그들의 노고(勞苦)로써 덕을 얻기 때문이지." (아르세니오스 5)

5 "수도자는 낯선 땅의 나그네와 같으니 어떤 것에도 휘말려 들지 말아야 한다. 그리하면 쉼을 얻으리라." (아르세니오스 12)

6 "한번은 압바 마카리오스가 압바 아가톤의 독실에 찾아와서 말했다. '형제들과 함께 살고 싶은데 어떻게 살아야 할지 말씀해 주십시오.' 그러자 원로가 대답했다. '그대가 첫날 형제들의 집으로 들어갈 때 느끼는 낯선 느낌을 평생 유지하게. 그들과 함부로 이야기하지 않도록 하기 위해서이네.' 그는 원로에게 함부로 말하는 것의 위험에 대해 물었다. 원로는 '함부로 말하는 것은 뜨겁고 맹렬한 바람과 같아서 그런 바람이 일면 모든 사람이 도망치고 나무 열매는 해를 입게 되지. 함부로 말하는 것보다 더 위험한 동요는 없다네. 이는 모든 동요의 우두머리이네. 깨어 있는 수도자는 독실에 홀로 있을 때조차 함부로 말하지 않는 법일세'라고 답했다." (아가톤 1)

7 "육체적 노고(勞苦)와 내적으로 깨어 있는 것 중에서 어떤 것이

---

1. 이 인물을 에바그리오스로 보는 견해가 있으나 확실하게 단언할 수 없다.

더 큽니까?"라는 질문에 압바 아가톤이 대답했다. "사람은 나무와 흡사하다. 육체적 노고는 나무의 잎이고 내적으로 깨어 있는 것은 그 열매와 같다. 성경에 '아름다운 열매를 맺지 아니하는 나무마다 찍혀 불에 던져지느니라'(마 7:19)라고 기록되어 있듯이, 분명히 우리의 모든 열심은 열매에 관한 것, 곧 정신이 깨어 있는 것과 관계되어 있다. 그러나 아울러 잎사귀의 그늘과 아름다움도 필요한데 이것이 바로 육체적 노고이다."　　　(아가톤 8)

8　압바 아가톤은 사물을 바라보는 것에서 지혜로운 자였다. 그는 노동과 음식, 옷 등 모든 것에서 자족(自足)하였다.　　　(아가톤 10)

9　"쉽게 화를 내는 사람은 설령 그가 죽은 자를 살린다 해도 하나님께서 받아 주시지 않는다."　　　(아가톤 19)

10　압바 아타나시오스에게 물었다. "어떻게 아들이 아버지와 동등할 수 있습니까?" 그가 대답했다. "눈이 두 개지만 보는 것이 하나인 것과 같다."　　　(무명모음집 1)

11　교부 중의 한 사람이 해 준 이야기이다. 켈리아에 어떤 부지런한 원로가 있었는데 거적 하나만을 걸치고 있었다. 그는 압바 암모나스를 찾아갔다. 원로는 그가 거적을 걸치고 있는 것을 보고 "그건 그대에게 아무런 쓸모가 없네"라고 말했다. 그는 원로에게 이렇게 물었다. "세 가지 생각에 집착하고 있습니다. 사막에서 유랑하려는 생각, 아무도 나를 알지 못하는 낯선 곳으로

떠나려는 생각, 수실에 칩거하면서 아무도 만나지 않고 이틀 중 하루만 먹으려는 생각입니다." 압바 암모나스가 그에게 말했다. "세 가지 중 어떤 것을 행해도 그대에게 도움이 되지 않네. 오히려 그대는 수실에 머물며 매일 조금씩 먹게. 그리고 세리가 했던 말(눅 18:13 참조)을 그대의 마음속에 끊임없이 간직한다면 구원받을 수 있을 것이네." (암모나스 4)

12 "육이 성할수록 영혼이 약해지고, 육이 약해질수록 영혼이 성하게 된다." (다니엘 4)

13 압바 아르세니오스가 스케티스에 있을 때, 그곳에 한 수도자가 있었는데 그는 원로들의 물건을 훔치곤 했다. 압바 아르세니오스는 그를 구하고 원로들을 안심시키려고 자기의 독실에 그를 불렀다. 그리고는 "그대가 원하는 것을 다 줄 테니 제발 훔치지만 말게"라고 말했다. 그는 금과 동전과 옷과 그가 필요로 하는 모든 것을 주었다. 그러나 그는 다시금 훔쳤다. 원로들은 그것을 보고 이렇게 말하며 그를 쫓아냈다. "몸이 아픈 형제가 잘못을 저지르면 그를 용서해야 하지만 도둑질로 경고를 받고도 멈추지 않는 자는 쫓아내야 한다. 그는 자신의 영혼을 해칠 뿐 아니라 이곳에 있는 모든 자를 혼란스럽게 만들기 때문이다." (다니엘 6)

14 "지성(知性)이 방황할 때면, 독서와 철야와 기도가 지성(知性)을 안정시켜 준다. 욕(慾)이 불타오르면 배고픔과 애씀과 퇴수(退修)

가 욕(慾)의 불을 꺼 준다. 화처(火處)가[2] 요동칠 때면 찬양과 인내와 인애(仁愛)가 그것을 진정시켜 준다. 그것도 적당한 순간에 적당한 정도로 이루어진다. 지나치고 부적절한 것은 얼마간만 지속하고, 이러한 것은 도움이 되기보다 해롭다."

(에바그리오스, 《실천학》 15)

15 "악한 의도로 어떤 것을 말하고 마음속으로 또 다른 악한 것을 품고 있는 자, 그런 자의 예배는 헛되다(약 1:26 참고). 그러므로 그런 자와 다니지 마라. 그의 더러운 독이 너를 더럽게 할까 두렵다."

(이사야 13, 8a)

16 "이득과 존경과 안락은 죽을 때까지 사람에게 싸움을 건다."

(이사야 25, 63)

17 "우정을 나누고 있는 친구가 부정(不貞)의 유혹에 빠진다면, 그대는 온 힘을 다해 그를 건져내야 한다. 그러나 그가 이단에 빠져 아무리 설득하여도 속히 되돌릴 수 없다면 결별하라. 지체하다간 그대도 그와 함께 구렁텅이로 빠져 들 수 있기 때문이다."

(페르메의 테오도로스 4)

---

2. 에바그리오스는 영혼을 세 부분으로 나누었다. 하나님의 형상이자 이성적 능력인 지성(nous), 욕구와 갈망을 만들어내는 욕처(epithymia, 欲處), 격정과 화를 만들어 내는 화처(thymos, 火處) 등이다. 세상을 향한 욕망은 만족을 모르고 만족을 모르는 영혼, 즉 실패한 욕망은 화를 만들어내어 주변 사람들과 다투게 한다. 이렇게 욕처와 화처가 사념으로 얼룩지게 되면 지성이 어두워져 하나님을 바라보지 못한다.

18 "많은 사람들이 이 세상에서 누리는 잠깐의 휴식을 선택한다. 주님께서 그들에게 안식을 주시기도 전에 말이다."

(페르메의 테오도로스 16)

19 압바 난쟁이 요안네스가 어느 날 자기 형에게 말했다. "세상의 근심 없이 지내고 싶습니다. 일하지 않고 늘 하나님께 예배하는 천사처럼 말입니다." 그는 옷을 벗은 후 사막으로 떠났다. 일주일 후 그는 형에게 돌아왔다. 그가 문을 두드리자 형은 문도 열지 않은 채 "누구십니까?"라고 말했다. 그는 "나예요. 요안네스예요"라고 했다. 그러자 그의 형은 "요안네스는 천사가 되었습니다. 그러니 더 이상 사람들과 함께 있지 않습니다"라고 대답했다. 이에 요한네스는 "나라니까요. 문 좀 열어 주세요"라고 간청했다. 그의 형은 아침까지 그를 문밖에 내버려 둔 후 문을 열어 주며 말했다. "너도 사람이란다. 그러니 먹으려면 다시 일해야 해." 그러자 그는 엎드려 절하며 용서해 달라고 말했다.

(난쟁이 요안네스 2)

20 한 형제가 압바 요셉에게 물었다. "제가 어떻게 해야 할까요? 힘든 것을 할 수도 없고, 일해서 자선을 행할 수도 없으니 말입니다." 원로가 그에게 말했다. "그렇다면 적어도 이웃에 대해 그대의 양심을 지키고 모든 악을 멀리하게. 그러면 구원받을 것이네. 하나님은 죄가 없는 영혼을 찾으신다네." (파네포의 요셉 4)

21 "그대가 규칙적으로 수덕을 행한다 해도, 그대가 하는 금식을

자랑하지 말라. 그것 때문에 그대가 교만해진다면 금식하는 것이 무슨 소용이 있는가? 떠벌리는 것보다 고기를 먹는 것이 더 낫다." (이시도로스 4)

22 그가 또 말했다. "제자는 스승을 아버지처럼 사랑하고 지배자처럼 두려워해야 한다. 사랑 때문에 두려움을 없애도 안 되고, 두려움 때문에 사랑을 잊어버려도 안 된다." (이시도로스 5)

23 그가 또 말했다. "그대가 실로 구원을 사모한다면, 그대를 구원으로 인도하는 모든 것을 행하라." (이시도로스 6)

24 한 형제가 압바 마카리오스에게 물었다. "어떻게 해야 내가 구원받을까요?" 원로가 대답했다. "죽은 사람처럼 되시오. 사람들이 무시하든 존경하든 죽은 사람처럼 신경 쓰지 마시오. 그러면 그대는 구원받을 것이오." (마카리오스 23b)

25 "영혼이 어떤 동요에 굴복하는지 사탄은 모른다. 사탄은 씨를 뿌리지만 수확 여부까지는 알지 못하는 것이다. 사탄은 어떤 자들에게는 부정(不貞)을, 또 어떤 자들에게는 악담과 다른 동요들을 뿌린다. 사탄은 영혼이 어떤 동요에 이끌리는지 알아본 후에, 바로 그곳으로 들어간다." (마토에스 4)

26 압바 실바노스의 제자인 압바 나테라에 대한 이야기이다. 그는 시내 산의 독실에 살았는데, 몸의 필요를 적절하게 채워 주었

다. 그런데 그가 파란의 감독이 되자 아주 엄격한 삶을 살았다. 그러자 제자가 그에게 말했다. "사부님, 우리가 사막에 있을 때에도 이처럼 수덕을 행하지는 않았습니다." 원로가 그에게 말했다. "그곳에는 고독과 내적 고요와 가난이 있었지. 그래서 몸이 병들지 않도록 아꼈다네. 그러나 지금은 세상 속에 있고 많은 유혹이 있어. 이 때문에 수도자의 삶이 파괴되지 않도록 몸을 절제하는 것이라네. 내가 여기에서 아프게 되면, 와서 나를 돌볼 사람이 있겠지."   (나테라 1)

27   압바 포이멘이 말했다. "나는 자신이 죄를 짓지 않았다며 교만한 자보다 죄를 지었을 때 자기 죄를 인정하고 회개하는 자가 더 좋다. 후자는 스스로를 죄인으로 생각하여 겸손한 마음을 가지지만, 전자는 스스로 의롭다고 여기고 그것을 떠벌리기 때문이다."   (사르마타스 1)

28   "다른 사람의 집을 지어 주면서 자기 집을 무너뜨린다면 무슨 소용이 있는가?"   (포이멘 127b)

29   한 형제가 압바 포이멘에게 말했다. "제가 커다란 잘못을 저질렀으니 삼 년 동안 참회하겠습니다." 압바 포이멘이 그에게 그것은 너무 길다고 말했다. 형제는 "그럼 일 년이면 될까요?" 그러자 원로가 다시 말했다. "아직도 많은 걸." 그러자 그곳에 있던 자들이 말했다. "사십 일이면 될까요?" 원로가 다시 말했다. "그것도 많은 걸." 그리고 그가 말했다. "사람이 온 마음으로 회

개하고 더 이상 잘못을 저지르지 않겠다고 약속하면, 단 사흘이라 할지라도 하나님께서 받아 주신다네." (포이멘 12)

30 한 형제가 압바 포이멘에게 물었다. "형제에게 이유 없이 화를 낸다는(마 5:22 참고) 말이 무슨 뜻인지요?" 원로가 말했다. "형제의 욕구가 아주 지나쳐 그대를 이기고자 한다 해도, 그 때문에 형제가 그대의 오른쪽 눈을 파낸다 할지라도, 그에게 화를 낸다면 이유 없이 화를 내는 것이네. 그러나 누군가가 그대를 하나님에게서 멀어지게 한다면, 그것에 대해서는 화를 내도록 하게." (포이멘 118)

31 다른 형제가 압바 포이멘에게 말했다. "내 능력에 미치지 못하는 것을 하려는 생각이 들거나, 나보다 못한 자를 무시하려는 생각이 듭니다." 원로가 그에게 대답했다. "사도 바울이 이렇게 말씀했다네. '큰 집에는 금그릇과 은그릇뿐 아니라 나무그릇과 질그릇도 있어 귀하게 쓰는 것도 있고 천하게 쓰는 것도 있나니 그러므로 누구든지 이런 것에서 자기를 깨끗하게 하면 귀히 쓰는 그릇이 되어 거룩하고 주인의 쓰심에 합당하며 모든 선한 일에 준비함이 되리라'(딤후 2:20-21)." 그 형제가 무슨 뜻이냐고 묻자 원로가 말했다. "집이란 세상을 뜻하고 그릇은 사람을 뜻한다네. 금그릇은 완전한 사람들이고, 은그릇은 그다음 사람들이며, 나무그릇이나 질그릇은 영적인 나이가 아직 어린 자들을 뜻한다네. 만약 누군가가 이 모든 더러움에서 자기 자신을 깨끗하게 한다면, 그자는 주인에게 유익하고 인정받으며 모든 선한 일

에 준비된 그릇이 될 것이네."   (포이멘 100)

32 "남을 가르치면서 그것을 실천하지 않는 자는, 모든 사람이 와서 마시고 씻지만 스스로를 깨끗하게 할 수 없는 우물과 같다. 모든 종류의 때와 불결한 것이 그 속에 남게 된다."   (포이멘 25)

33 어느 날 제자 이삭을 데리고 온 압바 세리도스에게 압바 포이멘이 말했다. "그대가 그 사람에게 유익이 되고자 하면, 그에게 행동으로 덕을 보여 주시오. 말로만 하면 그는 행함 없이 머물지만, 행동으로 보여 준다면 그것이 그에게 남아 있을 것이오."

34 "공주수도원에서는 세 가지의 실천이 필요하다. 하나는 겸손이요, 또 하나는 순종이며, 마지막 하나는 공주수도원의 일을 소홀히 여기지 않고 행하면서 자극을 받는 것이다."   (포이멘 103)

35 "어떤 자는 겉으로 침묵하는 척하지만, 마음속으로는 다른 자들을 정죄한다. 그런 자는 끊임없이 지껄이고 있다. 반면 어떤 자는 아침부터 저녁까지 말하지만 침묵을 지킨다. 유익하지 않은 말은 한마디도 하지 않는 까닭이다."   (포이멘 27)

36 "세 명의 수도자가 함께 사는데, 한 사람은 내적 고요를 잘 유지하고, 두 번째 사람은 병에 걸렸지만 감사하고, 다른 사람은 순수한 마음으로 두 사람을 섬기고 있다면, 이 세 사람 모두는 같은 일을 행하는 것이다."   (포이멘 29)

37 "악은 결코 다른 악을 제거할 수 없다. 누군가가 그대에게 악을 행하거든 그에게 선을 행하여 선으로 악을 제거하라."

(포이멘 177)

38 "수도자는 자신의 처지에 대해 불평하지 않으며 악을 악으로 갚지 않는다. 그리고 쉽게 화를 내지 않는다." (포이멘 91)

39 한 형제가 압바 포이멘에게 가서 말했다. "사념들이 너무 많아서 제 자신이 위태롭습니다." 그러자 원로는 그를 탁 트인 곳으로 데리고 가서 말했다. "숨을 들이쉬면서 바람을 잡아넣어 보게나." 그가 할 수 없다고 하자 원로가 말했다. "이와 마찬가지로 사념이 들어오는 것도 우리 마음대로 막을 수가 없네. 하지만 사념에 저항하는 것은 자신의 몫이라네." (포이멘 28)

40 한 형제가 압바 포이멘에게 물었다. "유산을 상속받았는데 어떻게 했으면 좋겠습니까?" 압바 포이멘은 사흘 안으로 답을 주겠다고 약속하고 그가 돌아오자 이렇게 말했다. "형제여, 내가 무슨 말을 해야 하겠는가? 만약 자네가 그것을 교회에 바친다면, 성도들이 연회를 베풀 걸세. 또는 친척에게 주게 된다면, 그대는 아무런 보상을 받지 못할 걸세. 그런데 그것을 가난한 자에게 준다면 그대는 근심이 없을 걸세. 그러니 가서 그대가 원하는 대로 행하게. 나는 그 일과 상관이 없네." (포이멘 33)

41 "육이 필요로 하는 것에 대해 불현듯 생각이 떠올라 한 번 공급

해 주고, 또 공급해 주었는데도 세 번째 그 생각이 든다면, 그것에 신경조차 쓰지 말라. 그것은 무익한 것이다."   (포이멘 40)

42 "어떤 사람은 도끼로 종일 일해도 나무를 쓰러뜨릴 수 없다. 그러나 나무를 벨 줄 아는 사람은 몇 번 찍지 않아도 나무를 쓰러뜨린다. 도끼는 곧 분별이다."   (포이멘 52)

43 한 형제가 압바 포이멘에게 물었다. "제가 저의 스승님 옆에 살면서 제 영혼이 파괴되고 있는 것 같습니다." 원로는 그것이 그에게 해로운 것을 알았다. 그럼에도 그가 그곳에 머무르는 것에 놀랐다. 그래서 "그대가 원한다면 머무르시오"라고 하였다. 그는 돌아갔다가 얼마 후 다시 원로를 찾아와 말했다. "스승님 옆에 사는 것이 너무 고통스럽습니다." 그러나 원로는 떠나라고 말하지는 않았다. 세 번째로 그가 와서 말했다. "이제 더 이상 그분과 함께 살고 싶지 않습니다." 그러자 원로가 그에게 말했다. "이제야 그대가 구원을 받겠군. 가게나. 그것이 자기 영혼에 해가 됨을 안다면 다른 사람에게 물어볼 필요가 없네. 명백한 실수에 대해서는 질문할 필요 없이 곧장 끊어 버리면 되네."

(포이멘S 2)

44 "어느 날 한 형제가 압바 모세에게 '사람이 어떻게 하면 이웃을 위해 죽을 수 있는가'(요 15:13 참고)를 물어보았다. 그러자 원로는 '이미 삼 년 전에 죽었다는 생각을 마음에 되새긴다면 그 말씀에 도달할 수 있다'라고 말했다."   (모세 12)

45 한 형제가 압바 팜보에게 물었다. "왜 마귀들은 내가 이웃에게 선을 행하려 할 때 방해하는 겁니까?" 원로가 그에게 말했다. "그렇게 말하지 말게나. 그대는 하나님을 거짓말쟁이로 만들고 있네. 오히려 자신이 결코 선을 행하려 하지 않는다고 말해야 하오. 하나님은 이미 '뱀과 전갈을 밟으며 원수의 모든 능력을 제어할 권능을 주었으니'(눅 10:19)라고 말씀하셨네."

(무명모음집 383)

46 압바 팔라디오스가 말했다. "하나님의 뜻을 따라 수덕(修德)하는 영혼은 모르는 것에 대해서는 신실한 마음으로 배우고, 알고 있는 것은 지혜롭게 가르친다. 이것도 저것도 하지 않는다면, 그 영혼은 탈이 났거나 아픈 것이다. 가르침을 무시하고 말씀을 경시하는 것은 배교의 시작이다. 하나님을 사랑하는 영혼은 가르침과 말씀을 갈망한다."

(무명모음집 662)

47 한 형제가 압바 시소에스에게 말했다. "내게서 동요가 사라지지 않는 이유는 무엇일까요?" 원로가 그에게 말했다. "동요의 노리개들이 그대 안에 있기 때문일세. 동요에게 빌미를 제공하지 말게. 그러면 떠나갈 걸세."

(시소에스 6)

48 "애쓰고 수고하여 물질적인 부를 쌓는 자들은 많은 것을 소유했음에도 더 많은 것을 얻으려고 한다. 그들은 현재 가진 것은 아무것도 아니라고 여기고, 아직 갖지 못한 것을 향해 달려 나간다. 그러나 마땅히 추구해야 할 것이 없는 우리는 어떤 것도 얻

으려 하지 않는다. 이는 하나님에 대한 두려움 때문이다."

(신클레티케 10)

49 "슬픔에는 유익한 것과 영혼을 타락시키는 유가 있다. 자신의
죄 및 이웃에 대한 무지를 고통스러워하는 슬픔, 그리고 완전한
선에 도달하려는 결심을 견지하도록 하는 슬픔은 유익한 것이
다. 반면 원수에게서 오는 슬픔도 있다. 원수는 별 이유 없이 슬
픔을 주입하는데, 많은 자들은 그것을 태만이라고 부른다. 이런
악한 영은 기도와 찬양으로 쫓아내야 한다."   (신클레티케S 10)

50 "실천하는 삶을[3] 살지 않은 자가 가르치려 드는 것은 위험하다.
쓰러져 가는 집을 소유한 자가 손님을 맞아들이면, 많은 사람
들이 어려움을 겪는 것처럼, 자기 자신이 안전하게 세워져 있지
않으면, 함께 온 자들까지 파멸시킨다. 말로는 따르는 자들을
구원으로 인도하는 것 같지만, 행실이 악하므로 사람들에게 해
악을 끼친다."   (신클레티케 12)

51 암마 사라가 말했다. "모든 자가 내게서 만족을 얻게 해 주십사
하고 내가 하나님께 기도한다면, 나는 모든 이의 문간에서 절해
야 할 것이다. 그러나 오히려 나는 내 마음이 모든 자와 더불어

---

3. ho praktikos bios(호 프락티코스 비오스). 'praktikos'(프락티코스)라는 낱말은 에바그리오스적
인 의미에서 해석되는 것이 마땅하다. 에바그리오스에게 실천가(혹은 실천적 삶)란 동요와
사념에서 해방된 자이다. 이렇게 자신을 다스린 자만이 영성가(gnostikos)로서 타인을 가르
칠 수 있다. 신클레티케는 이렇게 에바그리오스의 가르침을 따르고 있다.

깨끗하기를 기도할 것이다." (사라 5)

52 압바 히페레키오스가 말했다. "말로써가 아니라 행동으로 가르치는 자가 진실로 현명하다."

53 사람들이 한 원로에게 물었다. "좁고 협착한 길이란 무엇인지요?"(마 7:14 참고) 원로가 대답했다. "그것은 하나님 때문에 자신의 생각을 절제하며 자신의 의지를 꺾는 것을 말한다. 이것이 '보소서 우리가 모든 것을 버리고 주를 따랐사온대'(마 19:27)라는 말씀이 뜻하는 바다."

54 한 원로가 말했다. "자신이 있는 곳에서 선한 것을 하고자 하나 그것을 할 힘이 없다고 생각한다면, 그는 다른 곳으로 가더라도 그 일을 올바르게 할 수 있다고 생각하지 말아야 한다."

(무명모음집 446)

55 한 원로가 말했다. "우리 안에 들어오는 생각, 그것 때문에 우리가 정죄를 받는 것이 아니라, 생각을 나쁘게 사용하기 때문에 정죄 받는다. 생각 때문에 파선하기도 하고, 생각 때문에 구원 받기도 하는 것은 바로 그런 이유 때문이다." (무명모음집 218)

56 한 원로가 말했다. "수도자는 이 사람 저 사람이 어떻게 지내는지 물어보지 말아야 한다. 질문을 하게 되면 기도에서 벗어나 수다와 악담에 떨어지게 된다. 어떤 것도 침묵보다 더 좋은 것

은 없다."

57 한 형제가 원로에게 물었다. "사부님, 어떻게 하면 예수를 얻게
되는지 말씀해 주십시오." 원로가 말했다. "수고와 겸손과 끊임
없는 기도로 예수를 얻는다네. 거룩한 자들은 모두 처음부터 끝
까지 이런 세 가지 방법으로 구원받았다네. 그러나 휴식과 자기
의지와 의로운 체하는 태도는 수도자의 구원에 방해가 된다네.
사람은 예수를 얻기까지 수고한다네. 그 수고가 허락된 것은 고
통과 수고를 잊지 않고 기억하여 그 자신이 든든히 세워지도록
하기 위함이네. 하나님께서 이스라엘의 아들들을 사십 년 동안
유랑하게 하신 것은 그들이 도상(途上)의 수고를 기억하여 뒤로
돌아가지 않게 하려 함이었다네."

58 어떤 자가 원로에게 물었다. "마귀는 어떻게 우리를 공격하는
힘을 갖게 되는 것입니까?" 원로가 말했다. "우리의 의지 때문
이지. 레바논의 나무들이 '우리가 얼마나 크고 높이 솟아 있는
가? 조그만 쇠붙이가 우리를 넘어뜨릴 수 있을까?'라고 했네. 그
러나 사람들이 도끼를 만들어 그 나무들을 쓰러뜨렸다네." 그는
나무는 영혼이요, 도끼는 마귀이며, 도낏자루는 의지라고 했다.

59 한 원로가 말했다. "특히나 오래된 습관은 많이 노력해야 고칠
수 있다. 습관을 바꾸려고 수고하면 구원받는다. 그러나 습관에
머물러 있으면 해를 입는다."

60 "아리마대 요셉은 주님의 몸을 가져가겠다고 요청하였고, 새 묘지에 안장했다. 새 묘지란 깨끗한 마음이다. 그리스도의 몸은 새 묘지라야 받을 수 있고, 새 사람이라야 받을 수 있으며, 진정한 이스라엘이라야 받을 수 있다." (무명모음집 24)

61 사람들이 원로에게 물었다. "내가 어떻게 하나님을 발견할 수 있을까요? 금식을 하면 될까요? 힘들여 수고하면 될까요? 밤새워 기도하면 될까요? 자비를 베풀면 될까요?" 그가 대답했다. "많은 자들이 자신의 몸을 무분별하게 혹사하다가 아무것도 얻지 못한 채 공허하게 떠나 버렸네. 금식 때문에 우리의 입에서는 악취가 나고 있네. 우리가 다윗의 시편을 완전히 암송한다 해도 하나님이 진실로 우리에게 요구하시는 것은 오직 경외함과 사랑과 겸손이네." (무명모음집 222)

62 "바르게 생각하며 경건하게 살아가는 자는 버림받는 것이 불가능하고, 수치스런 실책이나 마귀들의 속임수에 빠지는 것도 불가능하다." (라우수스 이야기 47)

63 언젠가 세 형제가 한 원로를 찾아 스케티스에 왔다. 첫 번째 형제가 그에게 말했다. "사부님, 저는 신·구약 성경을 외웠습니다." 원로가 그에게 대답했다. "그대의 방은 외우는 소리로 시끄러웠겠군." 두 번째 형제는 이렇게 말했다. "저는 신·구약 성경을 베껴 썼습니다." 원로가 그에게 말했다. "그대는 벽장을 종이로 채웠군." 세 번째 형제가 말했다. "저의 냄비에는 이끼가 끼

었습니다." 그러자 원로는 이렇게 대답했다. "그대는 손님 접대를 아예 하지 않았군."

64 몇몇 교부가 말하기를 어떤 자가 한 위대한 원로에게 한 말씀 청하자 그가 정색을 하며 이렇게 대답했다고 한다. "내가 하나님의 자리를 차지하고 재판석에 앉아 있을 수는 없지. 내가 그대에게 무엇을 해주기를 바라는가? 그대가 '나를 불쌍히 여겨 주십시오'라고 말하면, 하나님은 그대에게 '내가 너를 불쌍히 여겨 주기를 바란다면 너 또한 형제를 불쌍히 여겨라. 그러면 나도 너를 불쌍히 여겨 줄 것이다. 내가 너를 용서해 주기를 바란다면 너 또한 형제를 용서하라'라고 말씀하실 걸세. 책임이 하나님께 있는 건가? 분명히 아닐세. 구원받고자 한다면, 그것은 우리에게 달린 일이네."

（무명모음집 226）

65 한 형제가 어떤 교부에게 가서 말했다. "잠에 취해서 기도 시간을 지나쳐 버리면, 내 영혼은 수치스러워 더 이상 기도하고 싶지 않습니다." 원로가 그에게 말했다. "아침까지 잠을 자게 되더라도, 일어나면 창과 문을 닫고 기도를 하게. 성경에서 '낮도 주님의 것이요 밤도 주님의 것'(시 74:16)이라고 했네. 하나님은 언제나 영광을 받으신다네."

（무명모음집 230）

66 "많이 먹고도 여전히 배가 고픈 사람이 있는가 하면 조금 먹고도 배부른 사람이 있다. 많이 먹고도 여전히 배고픈 자는 조금 먹고도 배부른 사람보다 더 큰 상급을 받는다." （무명모음집 231）

67 한 형제가 어떤 원로에게 물었다. "제 누이가 가난한데 제가 누이에게 자선을 하면 가난한 자에게 하는 것과 같지 않겠습니까?" 원로는 아니라고 대답했다. 형제가 이유를 묻자 원로는 "혈연은 조금이라도 더 그대를 이끌기 마련이거든"이라고 말했다.

(무명모음집 233)

68 "수도자는 다른 사람의 잘못을 듣지도 말하지도 말아야 하고, 쉽게 실망해서도 안 된다." (무명모음집 386)

69 "어떤 이야기라도 즐기거나 선뜻 동의하지 마라. 믿는 것은 천천히 하고 진실을 말하는 데는 속히 하라." (무명모음집 234)

70 "거룩한 자들이 이 땅에서는 고생하였다 해도, 그들은 얼마간의 안식을 이미 받은 것이다. 거룩한 자들은 이 세상의 근심에서 자유롭기 때문이다." (무명모음집 235)

71 한 초심자 형제가 어떤 원로에게 물었다. "삼가는 것과 말하는 것 중 어떤 것이 더 나은지요?" 원로가 그에게 말했다. "말이 무익하다면 말을 하지 말고 삼가게. 그러나 말하는 것이 선(善)하다면 말을 하게. 그러나 말이 선하다 할지라도 길게 말하지 말고 빨리 멈추게. 그러면 쉼을 얻을 걸세." (무명모음집 237)

72 "처음에 우리가 모여서 서로에게 유익한 것을 나누었을 때는 우리의 영혼이 고양되어 하늘에 오르곤 했다. 그러나 지금 우리가

모여 악담을 하니, 서로를 깊은 구렁텅이로 끌고 들어가고 있다."

(무명모음집 238)

73 "속사람이 깨어 있으면, 겉 사람도 지킬 수 있다. 그러지 못한다면 혀만이라도 지켜야 한다."

(무명모음집 239)

74 한 형제가 원로에게 물었다. "원로들을 방문한다는 핑계로 바깥 나들이를 하고 싶은 마음이 드니 어떻게 하면 좋습니까?" 원로가 그에게 대답했다. "독실에서 나가고자 하는 생각이 드는 것은 그곳에서 거북함을 느끼기 때문이네. 독실 안에서 편안한 마음을 가진다면 더 이상 독실을 떠나고 싶지 않을 걸세. 그러나 그대 영혼의 유익을 위해서라면 생각을 점검하고 밖으로 나가게나. 어떤 원로에 대해서 들은 적이 있다네. 이 원로는 누구를 방문하고자 하는 생각이 들 때면, 외투를 걸치고 나가서 자기의 독실을 돌았다고 하네. 그런 다음에는 들어와서 손님에 대한 예를 갖추었다고 하지. 이렇게 해서 그분은 안식을 얻었다네."

(무명모음집 394)

75 공주수도원의 한 장상이[4] 알렉산드리아의 대감독인 복된 키릴리오스에게 물었다. "어떤 삶의 방식이 더 위대합니까? 많은 형제들을 데리고 그들이 구원받도록 갖은 모양으로 인도하는 우리입니까? 아니면 사막에서 홀로 구원받는 자들입니까?" 대감

---

4. koinobiarke(코이노비아르케).

독이 그에게 대답했다. "엘리야와 모세 사이에는 차별이 없지요. 둘 다 하나님을 기쁘시게 한 까닭입니다."　　(무명모음집 70)

76　"악한 말은 선한 사람들조차 악하게 만들지만, 선한 말은 모두에게 유익하다."　　(마카리오스 39)

77　한 원로가 말했다. "침묵을 지키되 하나님이 아닌 자기 영광을 얻으려는 자가 있다. 만약 누군가가 하나님 때문에 침묵을 지킨다면, 그것은 진실로 덕행이다. 그는 하나님과 성령에게서 은혜를 받는다."

78　"나무가 바람에 흔들리지 않으면 뿌리를 내리지 못하고 자랄 수도 없다. 마찬가지로 수도자도 시험을 당하며 인내하지 못한다면 수도자다울 수 없다."　　(무명모음집 396)

79　"사람들이 어떤 수도자에게 그의 아버지가 죽었다는 것을 알렸더니, 그는 이 소식을 전한 자에게 이렇게 말했다. '신성모독을 그치게. 내 아버지는 불멸하시는 분이네.'"

(에바그리오스,《실천학》95)

11

깨어 있음에 대한 가르침

게으르지 않고 진리로 무장하기

자신의 영혼이 어떤 상황에서 어떤 사념에 어느 정도로 동요하는지를 관찰해야 하며, 또 어떻게 결점을 극복하고 덕에 이를 수 있는지도 탐구해야 한다. 깨어 있는 영혼은 지성의 눈으로 끊임없이 자신을 살핀다.

1 "쇳덩이를 달구어 내리치는 사람은 그것으로 낫을 만들지, 아니면 칼이나 도끼를 만들지 먼저 생각한다. 이처럼 우리도 헛되이 수고하지 않도록 어떤 종류의 덕을 구할지 생각해야 한다."

(안토니오스 35)

2 "우리가 하나님을 찾으면 그분은 우리에게 나타나실 것이고, 우리가 그분을 붙잡으면 우리 곁에 머무실 것이다."

(아르세니오스 10)

3 "주님의 이름을 부른 이후로, 내 입에서 거짓말이 나온 적이 없다."

(아눕 2)

4 죽음이 임박한 압바 아가톤이 움직이지 않고 사흘 동안 눈을 뜨고 있자 형제들이 그를 흔들었다. "아가톤 사부님, 어디에 계시는지요?" 그가 하나님의 법정 앞에 서 있다고 하자 "그럼 두려우신지요?"라고 물었다. 그가 그들에게 말했다. "힘을 다해 하나님의 계명을 지켰으나, 나는 인간일 뿐이네. 그러니 내가 한 일이 하나님을 기쁘시게 했다는 걸 어찌 알 수 있겠는가?" 형제들이

133

그에게 "사부님께서 하신 일이 하나님 뜻에 합당하다고 확신하지 못하십니까?"라고 말했다. 원로가 말했다. "하나님을 뵙지 않는 한 확신할 수가 없지. 하나님의 판단과 인간의 판단은 다른 것이니까." 그에게 한 말씀 더 청하고자 했으나 그는 "여유가 없으니 더 이상은 묻지 말게나"라고 말하고는 곧 기쁨 속에서 생을 마감했다. 그가 떠나는 모습은 마치 사랑하는 친구들과 작별 인사를 하는 것 같았다.

(아가톤 29b)

5 압바 다니엘과 압바 암모에스가 길을 가는데 압바 암모에스가 말했다. "스승님, 저희는 언제쯤 독실에 정착하게 되는지요?" 압바 다니엘이 대답했다. "누가 우리에게서 하나님을 앗아갈 수 있겠는가? 하나님은 독실에도 계시지만 독실 바깥에도 계신다네."

(다니엘 5)

6 "흐트러짐 없이 기도하는 것은 정말 대단한 것이다. 그러나 더 위대한 것은 흐트러짐 없이 찬양하는 것이다."

(에바그리오스 실천학 69)

7 "늘 죽음을 생각하고 영원한 심판을 잊지 마라. 그리하면 그대 영혼에 혼란이 없을 것이다."

(에바그리오스 4)

8 "화(火)와 태만, 가르치려는 욕구, 세상의 헛된 말은 하나님에 대한 기억을 쫓아 버린다. 그러나 인내와 온화함, 하나님의 뜻을 따르는 활동은 사랑을 동반한다."

(이사야 25, 21)

9   "그대가 육신에 거하는 한 어떤 성공을 이룬 것처럼 교만한 마음을 품지 말라. 밭의 열매를 수확하기 전에 어떤 일이 닥칠지 확신할 수 없듯, 수도자는 마음으로 '내가 정말로 선한 것을 이루었구나'라고 생각해서는 안 된다."   (이사야 25, 10a)

10   압바 이사야의 제자인 압바 페트로스가 말했다. "무사안일과 타인을 무시하는 마음은 신적인 빛을 보지 못하게 시야를 가린다.   (이사야 25, 25)

11   그가 또 말했다. "영혼을 뒤엎는 이 세 가지 동요를 피하도록 힘쓰라. 그것은 돈에 대한 사랑과 명예와 안락함이다. 일단 이런 동요에 휩싸이면 영혼이 진보하지 못한다."   (이사야 25, 26)

12   "우리가 육적인 동요의 포로가 되는 것은 하나님을 관상(觀想)하는 것에서 우리 마음이 멀어지기 때문이다."   (테오나스 1)

13   어느 날 형제들이 압바 난쟁이 요안네스를 시험하고자 이렇게 말했다. "하나님께 감사합시다. 비가 많이 와서 빨마 나무 싹이 잘 자라고 있거든요. 형제들이 일감을 갖게 될 겁니다." 압바 요안네스가 그들에게 말했다. "성도들의 마음에 성령이 내려오실 때도 이와 같지요. 그러면 성도들이 새로워지고 하나님을 두려워하면서 싹을 틔우게 된답니다."   (난쟁이 요안네스 10)

14   압바 요안네스가 어느 날 바구니 두 개를 만들려고 줄을 꼬고

있었다. 그런데 그는 하나의 바구니를 만드는 데 줄을 다 써 버렸다. 자신이 면벽(面壁)한 줄도 모르고 관상기도에 집중했던 것이다.   (난쟁이 요안네스 11)

15 어느 날 낙타 모는 자가 압바 요안네스가 만든 것을 가져다 팔려고 왔다. 압바 요안네스는 꼬아놓은 줄을 가지러 들어갔다가 묵상에 집중하느라 할 일을 잊어버렸다. 그러자 낙타 모는 자가 문을 두드리며 그를 불렀다. 압바 요안네스는 또 다시 독실에 들어갔으나 줄을 가지러 들어간 걸 잊어버렸다. 낙타 모는 사람이 세 번째로 문을 두드리자 그는 "줄과 낙타"라는 말을 되뇌면서 들어갔다.   (난쟁이 요안네스 31)

16 압바 카시아누스가 사막에 살던 한 원로에 대해서 한 이야기이다. 그는 영적인 대화를 나눌 때 졸지 않는 은혜를 내려 달라고 하나님께 간청했다. 그리고 악담이나 우스갯소리가 귓전을 울리면 곧 졸음에 빠지게 해 달라고 간청했다. 그는 악마가 쓸데없는 말을 부추기는 자이며 모든 영적 가르침의 원수라고 말하면서 이런 예를 들었다. "한번은 내가 몇몇 형제들에게 유익한 것을 말하고 있었다. 그런데 형제들이 눈꺼풀을 움직일 수조차 없게 졸음에 빠지는 것이었다. 나는 마귀의 힘을 보여 주고자 우스갯소리를 하였다. 그러자 모두들 흥에 겨워 이내 깨어났다. 그래서 나는 그들에게 말했다. '지금까지 우리는 하늘의 것을 이야기했는데 잠 때문에 그대들의 눈꺼풀이 감겼습니다. 그러나 우스갯소리를 하자 모두가 단번에 깨어났습니다. 사랑하

는 자들이여, 그대들에게 간청하니 사악한 마귀의 힘을 깨달으시오. 그리고 영적인 것을 행하거나 들을 때 졸지 않도록 조심하시오." (카시아누스 6)

17 어떤 사람이 압바 파에시오스에게 "무감각하여 하나님을 두려워하지 않는 제 영혼을 위해 무엇을 해야 합니까?"라고 묻자 그가 대답했다. "가서 하나님을 두려워하는 사람과 어울리게. 그런 사람 곁에 있으면 그대 또한 하나님을 두려워하는 법을 배우게 될 것이네." (포이멘 65)

18 압바 포이멘의 말이다. "하나님에 대한 두려움은 첫 시작이자 맨 끝이다. 기록된 바 '여호와를 경외하는 것이 지혜의 근본이요'(잠 9:10)라고 했으며, 또한 아브라함이 제단을 쌓았을 때 주님은 '내가 이제야 네가 하나님을 경외하는 줄을 아노라'(창 22:12)라고 말씀하셨기 때문이다." (무명모음집 647)

19 그가 또 말했다. "중요한 것 세 가지가 있는데 그것은 주님을 두려워하는 것과 끊임없이 기도하는 것, 그리고 이웃에게 선을 행하는 것이다." (포이멘 160)

20 한 형제가 압바 시소에스에게 물었다. "마음을 지키고 싶은데 그럴 수가 없습니다." 원로가 그에게 말했다. "혀라는 문이 열려 있는데 어떻게 우리가 마음을 지킬 수 있겠는가?" (티토에스 3)

21 압바 모세가 압바 실바노스에게 물었다. "매일 새로운 기초를 놓을 수 있는지요?" 압바 실바노스가 말했다. "부지런하다면 매일은 물론 매시간 기초를 놓을 수 있다네." (실바노스 11)

22 "황제 앞에 선 병사들이 감히 좌우로 두리번거리지 않듯, 하나님 앞에 서서 그분을 경외하는 사람도 그러하다. 원수는 그 어떤 것으로도 그에게 겁을 줄 수 없다." (사라피온 3)

23 "마귀는 바깥에서 우리를 공격할 뿐 아니라 안에서도 움직인다. 우리 영혼은 배와 같아서 때로는 외부의 커다란 파도에 침몰하기도 하고, 때로는 배 내부에 쌓아 놓은 화물 때문에 가라앉기도 한다. 우리 역시 자신이 저지른 외적인 죄 때문에 망하기도 하고, 내적인 사념(邪念) 때문에 더러워지기도 한다. 그러므로 악한 영들의 외적 공격에 주의하고, 생각의 더러움도 몰아내야 한다." (신클레티케S 7)

24 "꿀벌은 가는 곳마다 꿀을 만든다. 이와 마찬가지로 수도자는 어디를 가든 하나님의 일을 이룬다." (무명모음집 399)

25 그가 또 말했다. "형제들이여, 싸움의 때에 태만하지 말고 깨어 있자. 그리고 나쁜 생각이 우리 영혼에 다가오지 못하도록 하자."

26 "금이나 은을 잃어버리면 되찾을 수 있다. 그러나 때를 잃어버

리면 되찾지 못한다." (무명모음집 265)

27   "잠잘 때나 깨어 있을 때나 모든 일에서 당신 눈앞에 하나님을 모신다면 원수는 그 어떤 것으로도 당신을 두렵게 할 수 없다."

(무명모음집 377)

28   "이른 아침 일어나 스스로에게 말하라. 나의 몸이여, 일하고 움직여 양식을 먹으라. 영혼아, 깨어서 하늘나라를 상속받으라."

(무명모음집 269)

29   "온갖 죄를 부추기는 사탄의 힘은 세 가지이다. 망각과 태만, 욕망이다. 사람은 욕망 때문에 추락하지만 마음이 깨어 있으면 태만하지 않게 된다. 태만하지 않으면 욕망에도 굴하지 않게 되고, 욕망을 버리면 하나님의 은혜를 힘입어 추락하는 법이 없다."

(무명모음집 273)

30   한 원로가 어떤 형제에게 말했다. "사탄은 온갖 종류의 더러운 것을 당신의 집안에 쉼 없이 던질 것이다. 그것을 받아들일지 말지는 자신에게 달려 있다. 그대가 태만하면 그대 집은 더러운 것으로 가득 찰 것이고, 그대가 깨어 있어 그것들을 다시 되던지면 하나님의 은혜를 힘입어 집이 깨끗해질 것이다."

(무명모음집 275)

31   "당신을 칭찬하는 형제들에게서 자신을 지키라. 사념으로부터

자신을 지키고 이웃을 헐뜯는 자들 사이에서도 자신을 지키라. 십자가에 달렸던 강도는 단 한 마디 말로 의롭다 함을 받았다(눅 23:40-43 참고). 유다는 사도 중의 하나였지만 하룻밤에 자신의 모든 수고를 잃고 하늘에서 음부로 내려갔다(마 27:3-10 참고). 그러므로 어느 누구도 자만하지 말라. 스스로를 신뢰했던 모든 자들이 한순간에 넘어졌다."

(참고 크산티아스 1)

32 "잘못을 범한 형제를 보거든 그 잘못을 그의 탓으로 돌리지 말고 그가 맞서 싸웠던 원수를 탓하라. 그리고 '내게 화로구나. 나 또한 싸움에서 진 자와 같구나'라고 말하라. 하나님의 도움을 청하며 눈물을 흘리라. 본의 아니게 넘어진 자들을 동정하라. 어느 누구도 하나님을 대항하여 죄를 짓고 싶어 하지 않지만 우리 모두는 잘못을 범한다."

(무명모음집 663)

33 스케티스의 한 원로가 임종을 맞이하고 있었다. 형제들이 그의 침상을 둘러싸고 울면서 그의 옷을 잡았다. 그런데 그는 눈을 뜨더니 세 번이나 웃었다. 형제들이 그에게 이유를 묻자 그가 말했다. "내가 처음 웃었던 것은 그대들이 모두 죽음을 두려워하기 때문이고, 두 번째로 웃은 것은 그대들이 아직 준비되지 않았기 때문이네. 세 번째로 웃은 것은 내가 수고를 넘어 안식으로 가는 까닭이네." 그리고 곧 그의 영혼이 떠나갔다.

(무명모음집 279)

34 "수도자에 적합한 세 가지 것이 있다. 나그네 같은 삶, 가난, 깨

어 있으면서 내적으로 고요한 것이다." (안드레아스 1)

35   "영혼을 일군다는 것이 무엇입니까? 어떻게 하면 좋은 열매를 거둘 수 있는지요?" 한 형제의 질문에 원로가 말했다. "나의 생각에 영혼을 일군다는 것은 깨어 있으면서 내적으로 고요한 것이고, 절제하며 몸을 움직여 노동을 하는 것이다. 또한 항상 기도하며, 타인의 흠을 눈여겨보지 않는 것이라네."

(시내사본 705)

36   한 교부가 말했다. "모든 일에서 하나님이 원하시는 바는 영혼의 바른 태도이다. 낙원에 있던 아담은 하나님의 계명을 범했지만 욥은 거름더미에 앉아서도 그 계명을 지켰다. 하나님은 영혼의 선한 태도와 늘 하나님을 두려워하는 마음을 찾으신다."

(무명모음집 378)

12

끊임없는 기도에 대한 가르침

쉬지 않고 기도하는 복

기도는 인간이 이룰 수 있는 가장 위대한 과업이다. 기도는 말씀과 감사와 찬양과 회개와 중보와 간구로 이루어진다. 욕망과 화(火)로부터 만들어지는 사념이 정화될수록 기도의 능력도 커진다.

1 　압바 아르세니오스에 대한 이야기이다. 주일이 다가오는 토요일 오후부터 그는 태양을 등진 채 하늘로 손을 뻗어, 주일 아침의 떠오르는 태양이 자신의 얼굴을 비출 때까지 기도했다. 그때가 되어서야 그는 앉았다. (아르세니오스 30)

2 　형제들이 압바 아가톤에게 물었다. "우리들이 살아가면서 더욱 큰 노력을 요하는 덕은 무엇입니까?" 그가 그들에게 말했다. "용서하고 들으시게. 흐트러짐 없이 하나님께 기도하는 것처럼 힘든 일이 없는 것 같네. 기도하고자 할 때마다 원수가 우리를 방해하지. 원수는 하나님께 기도하는 것 외에는 자기에게 다른 장애물이 없다는 것을 알고 있어. 어떤 방식이든 인내하며 기도를 행한다면 그 속에서 쉼을 얻게 되네. 그러려면 마지막 숨이 붙어 있을 때까지 원수들과 싸워야 한다네." (아가톤 9)

3 　압바 베사리온의 제자인 압바 둘라스가 한 이야기이다. 내가 어느 날 사부님의 수실에 갔는데 사부님이 하늘을 향해 손을 들어 기도하고 있었다. 그런데 사부님은 이처럼 14일 동안 앉아 있었다. 그 후에 그분은 나를 동행시켜 사막으로 갔다. 나는 목이 말

라 "사부님, 목이 마릅니다"라고 말했다. 그러자 원로는 외투를 집더니 돌을 던지면 닿을 정도만큼 내게서 멀어지는 것이었다. 그는 기도한 후에 외투에 물을 가득 담아 왔다. 그런 다음 우리는 압바 요안네스가 있는 리코에 도착했다. 우리는 압바 요안네스를 포옹하고 기도했다. 우리들이 앉자 압바 베사리온은 자신이 본 환상을 말하기 시작했다. "주님이 주신 답입니다. 이교 신전들이 무너질 겁니다." 그런데 그대로 되어 이교 신전들이 무너졌다.

(베사리온 4a)

4   한 원로가 말했다. "용기가 없을 때는 기도하라. 성경에 기록된 대로 두렵고 떨리는 마음으로(시 2:11 참고) 인내하며 깨어 기도하라(벧전 5:8 참고). 이렇게 기도해야 하는 이유는 특히 보이지 않는 우리의 원수들 때문이다. 우리의 원수들은 삐뚤어지고 사악하여 이 세상에서 우리에게 해를 입히고자 한다."[1]   (무명모음집 664)

5   그가 또 말했다. "그대의 마음에 분쟁을 일으키려는 생각이 들어오거든 기도하며 다른 것들을 구하지 마라. 오히려 분쟁을 일으키려는 마음에 대항하여 눈물의 칼을 갈라."   (무명모음집 665)

6   키프로스의 감독인 복된 에피파니오스가 팔레스티나에 수도원을 갖고 있었다. 그 수도원의 장상이 에피파니오스에게 전갈을 보냈다. "우리가 규칙을 소홀히 하지 않으며 열심히 삼시과(參時課)와 육시과(六時課)와 구시과(九時課)에 저녁기도를 드리는 것은 그대의 기도 덕분입니다." 그러나 그는 그들을 꾸짖으며 이

렇게 전갈을 보냈다. "그대들이 하루 중 다른 시간에는 기도하지 않는 것이 분명하군요." 그러므로 진정한 수도자는 부단히 기도하고 전심으로 시편을 암송해야 한다.   (에피파니오스 3)

7   "기도하는 자들"이라고 불리는 어떤 수도자들이 어느 날 엔나톤의 압바인 루키오스에게 왔다. 원로는 그들에게 물었다. "그대들은 어떤 손노동을 하십니까?" 그들이 그에게 말했다. "우리는 손노동을 하지 않습니다. 하지만 사도가 말한 대로 쉬지 않고 기도합니다." 그러자 원로가 그들에게 말했다. "그럼 그대들이 먹을 때 누가 그대들을 위해 기도합니까?" 원로는 계속 말했다. "그대들은 잠자지 않습니까?" 그들은 "잠을 잔다"라고 말했다. 원로가 말했다. "그럼 그대들이 잠잘 때에 누가 그대들을 위해 기도합니까?" 그들은 그에게 대답할 바를 찾지 못했다. 원로가 그들에게 말했다. "용서하고 들으시오. 그대들은 말처럼 행동하지 않고 있군요. 내 예를 보여 드리자면, 나는 손노동을 하면서도 쉬지 않고 기도합니다. 나는 하나님의 도우심으로 앉아서 얼마간의 빨마 잎을 물에 담그지요. 그리고는 이렇게 고백하면서 그것으로 줄을 꼰답니다. "하나님, 주님의 한결같은 사랑으로 내게 자비를 베풀어 주십시오. 주님의 크신 긍휼을 베푸시어 내 반역죄를 없애 주십시오." 그리고 그는 그들에게 말했다. "이건 기도가 아닙니까?" 그들은 "기도가 맞다"라고 말했다. 원로가 말했다. "온종일 일하면서 기도하면 작은 동전을 열여섯 개 정도를 얻게 됩니다. 그러면 두 개는 문 앞에 놓고 나머지는 음식을 위해 사용하지요. 동화 두 개를 받은 자는 내가 먹을 때와 잘 때

145

에 나를 위해 기도합니다. 그리하여 하나님의 은혜로 '쉬지 말고 기도하라'(살전 5:17)는 말씀이 내 안에서 이루어지는 것입니다.

(루키오스 1)

8　어떤 사람들이 압바 마카리오스에게 "우리가 어떻게 기도해야 하는지요?"라고 묻자 그가 말했다. "긴말을 하지 말아야 한다네. 손을 들고 '주님, 당신께서 원하시고 아시는 대로 나를 불쌍히 여겨 주시옵소서'라고 자주 말하게. 만약 싸움이 계속된다면 '주님, 나를 도와주시옵소서!'라고 말하게. 주님은 우리에게 적합한 것을 알고 계시니 우리에게 자비를 베풀어 주실 것이네."

(마카리오스 19)

9　한 형제가 투시의 은사가 있는 원로에게 가서 이렇게 간청했다. "사부님, 연약한 저를 위해 기도해 주세요." 원로가 형제에게 답하기를 어떤 거룩한 분이 한번은 이렇게 말했다고 했다. "기름의 혜택을 제일 처음으로 보는 자는 손에 기름을 묻혀 병자에게 바르는 자이네. 형제를 위해 기도하는 자도 마찬가지라네. 형제가 기도로 유익을 얻기 전에, 사랑의 결심으로 기도하는 자는 먼저 유익을 얻게 된다네. 그러니 형제여, 서로서로 기도하세. 우리가 나음을 얻도록 말이야. 사도는 우리에게 이것을 권하려고 '병이 낫기를 위하여 서로 기도하라'(약 5:16)고 말씀하셨네."

(무명모음집 219)

10　한 원로는 끈기 있는 기도가 정신을 신속히 바르게 세워 준다고

말했다.

11   한 교부가 말했다. "물이 탁하면 자기 얼굴을 비춰볼 수 없는 것
처럼, 영혼이 낯선 생각에서 정화되지 않으면 관상적인 방법으
로 기도할 수 없다."   (무명모음집 379)

12   한 원로가 어느 날 시내 산에 갔다가 돌아오는 중에 어떤 형제
와 마주쳤다. 그 형제는 괴로워하며 그에게 말했다. "사부님, 저
희가 가뭄으로 고생하고 있습니다." 원로가 그에게 말했다. "어
찌 기도하며 하나님께 간청하지 않는가?" 형제가 그에게 말했
다. "하나님께 기도하며 자주 아뢰었지만 비가 오질 않았습니
다." 그러자 원로가 그에게 말했다. "필시 그대들이 간절히 기도
하지 않았던 것이야. 과연 그러한지 손을 들고 함께 기도하세."
그가 하늘로 손을 뻗고 간절히 기도하자 즉시로 빗방울이 떨어
졌다. 형제는 이것을 보고서 두려움으로 가득 차서 그의 앞에
엎드렸다. 그러나 원로는 곧 몸을 감추었다.   (코이오스 2)

13   한 원로에게 물었다. "끊임없이 기도하는 것이 무엇인지요?" 그
가 대답했다. "적합한 것을 구하려고 마음 깊숙한 곳에서 하나
님께 탄원을 올리는 것이지. 일어서서 기도할 때만 기도하는 것
은 아니라네. 끊임없이 그대 스스로 기도할 때 진실한 기도가
된다네."

14   한 원로가 말했다. "하나님이 우리 곁에 계셔서 우리의 말을 들

으시듯 우리의 기도가 이루어지니 놀랍다. 그러나 우리는 죄를 지을 때 마치 하나님이 우리를 바라보지 않는 것처럼 행동한다."

15 한 형제가 어떤 원로에게 물었다. "서서 기도할 때에 잡다한 생각이 몰려드는 까닭은 무엇입니까?" 그가 대답했다. "악마는 처음부터 하나님을 경배하기 거절하였고 하늘에서 쫓겨나면서 하나님 나라에서 낯설어졌다네. 그 때문에 악마는 우리가 기도에 집중하려 할 때 우리 속에도 똑같은 태도를 만들려고 하네."

16 한 원로가 말했다. "너 자신을 알라. 그러면 결코 넘어지지 아니하리라. 영혼에 일감을 주라. 다시 말해 부단한 기도와 하나님에 대한 사랑을 주라. 다른 자가 영혼에 사념(邪念)을 주기 전에 그리하라."

17 어떤 자가 한 원로에게 물었다. "제가 일하러 나갈 때 왜 영혼을 소홀히 하게 되는 걸까요?" 원로가 대답했다. "그건 그대가 성경 말씀을 이루려고 하지 않기 때문이네. 성경에는 이렇게 되어 있네. '내가 주님을 늘 찬양할 것이니, 주님을 찬양하는 노랫소리, 내 입에서 그치지 않을 것이다'(시 34:1). 안이든 밖이든 그대 가는 곳 어디서나 끊임없이 하나님을 찬양하고 그대의 주인께 영광을 돌리되, 행동과 말뿐만이 아니라 생각으로도 그리하게. 신성(神性)이란 어떤 장소에 표시된 것이 아니네. 하나님께서는 어디든지 간에 신적인 권능으로 모든 것을 붙들고 계신

다네."

(무명모음집 414)

18 한 원로가 말했다. "낯선 이웃이 그대의 집에 나그네를 들어오
게 할 권한은 없다. 마찬가지로 원수도 맞이해 주지 않는다면
들어올 수 없다. 기도할 때에 이렇게 말하라. '주님, 제가 어떻게
당신을 얻을 수 있을지 오직 당신만 아십니다. 나는 우매한 짐
승에 불과합니다. 당신께서 나를 이 구원의 길로 인도하셨습니
다. 주님, 나를 구해 주소서. '주님, 진실로, 나는 주님의 종입니
다. 나는 주님의 종, 주님의 여종의 아들입니다'(시 116:16)."

(무명모음집 403)

149

13

자선과 환대에 대한
가르침

인자한 마음 가지기

금식하는 중에 손님이 찾아오면 금식을 중단하고 손님을 대접하는 것이 사막의 불문율이다. 또한 사막 교부들은 손으로 일하여 얻은 것 중 남는 것을 필요한 자들에게 나누어 주었다. 사랑은 남아 있는 곡식과 돈을 자기 것이라고 주장하지 않는다 .

1 어느 날 스케티스에 "이번 주는 금식하면서 부활절을 맞으시오"라는 계명이 내려졌다. 그런데 이집트의 형제들이 압바 모세를 찾아왔다. 그는 방문객들에게 약간의 음식을 요리해 주었다. 이웃한 수도자들이 연기가 나는 것을 보고 사제들에게 알렸다. "저것 보세요. 모세가 교부들의 계명을 어기고 집에서 음식을 하고 있습니다." 그들이 말했다. "그가 오면 물어 보도록 하지요." 토요일이 오자 압바 모세의 큰 덕행을 아는 사제들이 모든 사람 앞에서 그에게 말했다. "압바 모세여, 그대는 사람의 계명은 어겼지만 하나님의 계명을 이루었습니다." (모세 5)

2 한 형제가 사순절의 두 번째 주간에 압바 포이멘에게 갔다. 그는 자신의 생각을 털어놓으며 안식을 되찾고는 압바 포이멘에게 말했다. "사실 여기에 오기를 좀 망설였습니다. 사순절이라 문을 열어 주지 않을지도 모른다고 생각했기 때문입니다." 압바 포이멘이 그에게 말했다. "우리는 나무로 된 문을 닫으라고 배운 적이 없네. 혀라는 문을 잠가야 하는 것이지." (포이멘 58)

3 한 형제가 압바 포이멘에게 말했다. "내가 형제에게 빵이나 다

른 무언가를 좀 줄 때 사람을 기쁘게 하려는 것인 양 마귀들이 그것을 더럽힙니다." 원로가 그에게 말했다. "그것이 사람을 기쁘게 하려는 것이라 해도, 궁핍한 형제에게 주게나. 가령 같은 도시에 두 명의 농부가 있는데 한 명은 파종한 뒤에 질이 좋지 않은 곡식을 조금 수확했고, 다른 자는 파종을 소홀히 하여 아무것도 거두지 못했다고 해보세. 기근이 다가온다면 둘 중에 누가 살아남을 수 있겠는가?" 형제가 대답했다. "전자겠지요." 원로가 그에게 말했다. "마찬가지로 우리 또한 질이 좋지 않고 얼마 안 되는 씨앗이라도 뿌리세. 기근 시에 죽지 않도록 말이네."

(포이멘 51)

4   한 형제가 그에게 청했다. "한 말씀 주십시오." 원로가 그에게 말했다. "할 수 있는 한 손노동을 하여 궁핍한 자에게 줄 것을 얻게나. 성경에는 '자선과 믿음의 행위를 통해 죄가 사해진다'[1]고 되어 있다네." 형제가 그에게 말했다. "믿음의 행위란 무엇을 뜻하는지요?" 원로가 말했다. "믿음의 행위란 겸손하게 살고 자비를 베푸는 것이네."

(포이멘 69b)

5   한 형제가 어떤 원로에게 갔다가 헤어지면서 이렇게 말했다. "사부님, 용서하십시오. 저 때문에 사부님께서 규칙을 따르지 못하셨으니 말입니다." 그러나 원로는 그에게 이렇게 대답했다. "내 규칙은 그대에게 안식을 주어 평화롭게 돌려보내는 것이

---

1. 한글 성경의 잠언 16장 6절과는 내용이 다르다. 70인역의 잠언 15장 27절을 참고하라.

네." (무명모음집 283)

6 공주수도원 근처에 한 은수자가 아주 엄격한 생활을 하며 살고 있었다. 그런데 수도원에 온 수도자들 때문에 그는 정해진 시간이 아닌 때에 먹어야 했다. 그 후 형제들이 그에게 말했다. "사부님, 이 일로 괴로우신가요?" 그가 그들에게 말했다. "나의 고통은 내 뜻대로 하려는 것이라네." (무명모음집 284)

7 어느 날 두 형제가 원로에게 갔다. 그런데 이 원로는 날을 걸러 먹는 습관이 있었다. 그는 형제들을 보자 기쁨으로 맞아들이며 말했다. "금식에는 보상이 따르네. 그러나 사랑 때문에 다시 먹는 자는 두 가지 계명을 이룬다네. 곧 자신의 의지를 버리고 형제들을 먹이라는 계명이네." (무명모음집 288)

8 한 원로가 사막에 살았다. 그곳에서 멀리 떨어진 곳에 한 마니교 신자가 살았는데 그들의 식대로 하면 사제였다. 어느 날 그가 다른 마니교 신자에게 가다가 그만 날이 저물었다. 그래서 그는 당황스럽지만 원로가 사는 집에 하룻밤 묵고자 하였다. 원로가 자신이 마니교 신자임을 알기에 거절할까 두렵기도 했다. 그러나 어쩔 수 없는 상황이라 그는 문을 두드렸다. 원로는 그에게 문을 열어 주었고, 그를 알아본 후에 기쁨으로 맞아들여 기도하기를 청했고, 그에게 음식을 대접한 후 잠자리를 제공했다. 밤에 그 마니교 사제는 곰곰이 생각해 보고는 놀라움을 느꼈다. "어떻게 원로는 내게 반감을 갖지 않을까? 이분은 참으로

하나님의 사람이로구나!" 그리하여 그는 원로의 발에 엎드려 이렇게 말했다. "오늘부터 나는 바른 길을[2] 따르겠습니다." 이리하여 그는 원로와 함께 살았다. (무명모음집 289)

9 　테베의 한 수도자는 하나님께 섬김의 은사를 받아 가난한 자들에게 필요한 것을 주곤 하였다. 어느 날 그가 한 마을에서 자선을 행하고 있었는데, 남루한 옷을 걸친 여인이 그의 앞에 오더니 적선을 구했다. 그는 그 여인이 남루한 옷을 걸친 것을 보고 손을 크게 펴서 후하게 주려고 했다. 그러나 그의 손이 오그라들어 조금밖에 집을 수 없었다. 다음으로 옷을 잘 차려입은 다른 여인이 그에게 왔다. 그는 그 여인의 옷을 보고 손을 넣어 조금만 집어주려 했다. 그러나 그의 손이 크게 펴져서 후하게 집어 주게 되었다. 그가 나중에 이 두 여인에 대해 알아보니 좋은 옷을 입은 여인은 귀족 출신으로 가난하게 되었지만, 품위를 유지하기 위해 좋은 옷을 입은 것이었다. 반면 다른 여인은 안락한 삶을 누렸음에도, 자선을 얻으려고 일부러 남루한 옷을 걸쳤던 것이다. (무명모음집 287)

10 　한 수도자에게 세상에 사는 동생이 있었는데 그가 가난하였으므로 수도자는 자신이 일한 열매를 동생에게 나눠주곤 하였다. 그러나 수도자가 주면 줄수록, 동생은 더욱더 가난해져 갔다. 그가 원로에게 가서 이것을 설명했더니 원로는 그에게 이렇게

---

2. orthodoxos(오르토독소스)

말했다. "그에게 더 이상 아무것도 주지 말고 이렇게 말하게. '이제는 아우가 일하여 얻는 것을 내게 가져오게.' 그리고 그대가 낯선 사람이나 가난한 원로를 보거든 그때마다 그것을 주고 아우를 위해 기도해 달라고 청하게." 그 형제는 떠나 그 말대로 행했다. 세상에 사는 동생이 왔을 때 그가 원로의 훈계에 따라 말했더니 동생은 슬퍼하며 떠났다. 첫째 날이 되자 동생은 밭에서 재배한 약간의 채소를 갖고 왔다. 그 형제는 그것을 가져다가 원로들에게 주면서 자기 동생을 위해 기도해 달라고 청하였다. 그들의 축복을 받은 후 그는 거처로 돌아왔다. 두 번째로 동생이 수도자에게 갖고 온 것은 마찬가지로 채소였고 빵 세 개도 있었다. 형제들이 그것을 받은 후에 처음처럼 하였다. 그는 다시금 축복을 받은 뒤에 물러났다. 세 번째가 되자 동생은 많은 생필품과 포도주와 생선을 갖고 왔다. 수도자는 그것을 보고 놀라서 가난한 자들을 초청하여 그들을 먹여 주었다. 수도자가 동생에게 말했다. "네가 먹을 빵이 부족하지 않은가?" 동생이 말했다. "아닙니다. 형님, 내가 형님에게서 무언가를 받았을 때는 그것이 내 집에 불처럼 들어와 집을 망가뜨렸습니다. 그러나 내가 형님한테서 아무것도 받지 않은 후부터는 하나님께서 축복해 주셔서 풍족한 걸요." 그 형제가 이 모든 것을 원로에게 이야기했더니 원로는 그에게 이렇게 대꾸하는 것이었다. "그대는 알지 못한단 말인가? 수도자의 행업은 불과 같아서, 그것이 들어가는 곳을 불사르게 된다는 것을 말이네. 수도자는 그 노고의 열매로 자선을 베풀어 거룩한 자들의 기도를 받고 이처럼 축복받는 것이 더 유익하다네." (무명모음집 286)

11   암마 사라가 말했다. "적선하는 것은 선한 일이다. 처음에는 사
람을 기쁘게 하려고 적선한다 할지라도, 사람을 기쁘게 하는 것
에서 하나님에 대한 두려움으로 곧 돌아오게 된다."   (사라 7)

12   한 원로가 어떤 형제와 공동생활을 하고 있었다. 그 원로는 자
비로운 자였다. 기근이 닥쳤고 어떤 자들이 그들의 문에 이르
러 자선을 받고자 하였다. 원로는 그들 모두에게 빵 조각을 주
었다. 일이 이렇게 진행되는 것을 보자 형제가 원로에게 말했
다. "내 몫의 빵을 내게 주십시오. 사부님은 사부님 몫으로 하
고 싶은 대로 하시고요." 그러자 원로는 빵을 나누어 자기의 몫
으로 적선을 행하였다. 원로가 누구에게나 나누어 준다는 소식
을 듣고 많은 자들이 앞을 다투어 원로에게 왔다. 하나님께서는
그의 태도를 보시고 빵이 부족하지 않도록 축복하셨다. 자기 몫
의 빵 조각을 먹은 형제가 원로에게 말했다. "사부님, 내게 아직
빵이 몇 조각 남아 있습니다. 나를 다시 받아 주셔서 공동생활
을 하시지요." 원로는 그에게 "그대가 원하는 대로 하지"라고 말
했다. 그들은 다시 공동생활을 했다. 풍성함이 되찾아 왔고, 궁
핍한 자들이 자선을 받기 위해 다시 왔다. 어느 날 그 형제가 들
어가다가 빵이 없다는 걸 알게 되었다. 그런데 어떤 가난한 자
가 와서 원로에게 빵을 달라고 하였다. 그 형제가 말했다. "사부
님, 더 이상 빵이 없습니다." 원로가 그에게 말했다. "가서 빵을
찾아보게." 형제가 가서 보니 빵이 통에 그득한 것이었다. 형제
는 이것을 보고 두려움으로 가득 차서 빵을 가져다가 가난한 자
에게 주었다. 원로의 믿음과 덕행을 보고 그는 하나님께 영광을

돌렸다.

13   압바 카시아누스가 말했다. "우리는 팔레스티나에서 이집트로
가서 한 교부에게 이르렀다. 그는 우리를 환대하였고 우리는 그
에게 이렇게 물었다. '그대는 낯선 형제들을 맞이할 때에, 어찌
하여 그대의 금식 규정을 따르지 않는 것입니까? 팔레스티나의
우리 전통에서는 그럴 경우 금식 규정을 지키는데 말입니다.'
그가 대답했다. '금식은 언제나 나와 함께 있는 것이지요. 그러
나 나와 함께 있도록 그대들을 언제까지나 붙들어 둘 수는 없습
니다. 금식이 유익하고 필요한 실천이긴 하지만, 우리의 선택에
달렸습니다. 하나님의 법이 반드시 사랑을 이루라고 요구할 때
는 말입니다. 그대들 중 한 사람을 맞이하면, 나는 마땅히 정성
을 다해 그리스도를 대접하는 것입니다. 내가 그대들을 떠나보
내면, 나는 금식의 법을 다시 지킬 수 있을 것입니다. '혼인집 손
님들이 신랑과 함께 있을 동안에 슬퍼할 수 있느냐 그러나 신랑
을 빼앗길 날이 이르리니 그 때에는 금식할 것이니라'(마 9:15)고
되어 있습니다.'"   (카시아누스 1)

157

14

순종에 대한
가르침

내 뜻이 아닌 오직 하나님의 뜻

진리이신 하나님의 말씀에 순종해야 한다. 진리 안에 거하는 스승과
그런 스승에게 순종하는 제자는 복이 있다. 진리에 순종하면 겸손과
인내와 내적 기쁨과 온갖 덕을 얻을 수 있다.

1   압바 안토니오스가 말했다. "절제에 순종이 더해지면 들짐승도 순종한다."

(안토니오스 36)

2   압바 아브라함이 압바 아레스를 찾아갔다. 그들이 앉아 있을 때에 다른 형제가 원로에게 와서 말했다. "구원받으려면 어떻게 해야 하는지 말씀해 주십시오." 원로가 그에게 말했다. "돌아가서 올 한 해 동안 매일 저녁, 빵과 소금만 먹으며 지내게. 그런 다음 다시 오게. 그러면 말해 주겠네." 그는 떠나서 그렇게 행했다. 일 년이 지나자 형제는 압바 아레스에게 다시 왔다. 압바 아브라함도 마침 그곳에 있었다. 원로가 형제에게 다시 말했다. "가서, 올해 일 년 동안 이틀에 하루를 금식하게." 형제가 떠나자 압바 아브라함이 압바 아레스에게 물었다. "어찌하여 모든 형제들에게는 가벼운 멍에를 말씀하시고, 이 형제에게는 무거운 짐을 지우시는지요?" 원로가 그에게 말했다. "형제들이란 무얼 찾기 위해 오는 모습 그대로 떠나간다네. 그런데 그는 하나님 때문에 말씀을 들으러 왔네. 그가 일꾼인 까닭이지. 그는 내가 말한 바를 열심히 이루었다네. 이 때문에 나 역시 그에게 하나님의 말씀을 한 것뿐이네."

(아르세니오스 1)

3   압바 모세가 한 형제에게 말했다. "순종합시다. 순종은 겸손을
    낳고 인내와 오래 참음과 자책감과 형제애와 사랑을 가져옵니
    다. 싸우는 데 필요한 우리의 무기는 바로 이런 것들입니다."

4   그가 또 말했다. "형제들이여, 어서 와서 진리에 순종합시다. 바
    로 이곳에는 겸손이 있고 힘이 있으며, 기쁨이 있고 인내가 있
    으며, 형제애가 있고 오래 참음이 있으며, 자책감과 사랑이 있
    습니다. 무엇보다 사랑을 가진 자에게서 하나님의 모든 계명들
    이 이루어집니다."

5   그가 또 말했다. "수도자가 영적인 아버지 밑에서 금식하더라
    도, 순종과 겸손이 없으면, 아무런 덕도 얻을 수 없다. 그는 수도
    자가 무엇인지조차 모른다."

6   그가 또 말했다. "순종은 순종을 낳는다. 하나님은 당신께 순종
    하는 사람의 기도를 들어 주신다."   (미오스 1)

7   압바 히페레키오스가 말했다. "수도자에게 유일한 선은 순종이
    다. 순종을 얻은 자, 그의 기도는 응답받으며 십자가에 달리신
    자 옆에 확실히 서게 될 것이다. 주님이 십자가에서 죽기까지
    순종하셨기(빌 2:8 참고) 때문이다."   (히페레키오스 8)

8   원로들이 말했다. "타인을 신뢰하여 자신을 맡기고 순종한다면,
    하나님의 계명에 열심을 낼 필요가 없다. 오히려 자기의 영적인

아버지에게 자신의 의지를 맡겨야 한다. 그리하면 하나님께 어떤 책망도 받지 않을 것이다."

(무명모음집 290a)

9   원로들이 말했다. "하나님께서 그리스도인에게 찾으시는 것은, 성경 말씀에 순종하는 것, 읽은 것을 실천하는 것, 올바른 견해를 가진 지도자와 영적인 아버지에게 순종하는 것 등이다."

(무명모음집 388)

10   한 형제가 다른 형제에게 비난을 받고 켈리아의 한 원로에게 가서 말했다. "사부님, 괴롭습니다." 그러자 원로는 그에게 "무슨 일인가?"라고 하였다. 그가 말했다. "한 형제가 나를 비방했습니다. 마귀가 나를 에워싸고, 이번에 복수하라는군요." 원로가 그에게 말했다. "아들아, 내 말을 들어 보게. 그대의 수실로 가서 내적 고요를 이루고 그대를 괴롭게 했던 형제를 위해 하나님께 열심히 기도하게." 그는 떠나서 원로가 말한 대로 행하였다. 일주일 후에 하나님은 그에게서 화(火)를 풀어 주셨다. 스스로를 강권하여 원로에게 순종하였기 때문이다.

11   원로들이 말했다. "하나님은 초심자들에게서 순종이라는 수고 외에는 다른 어떤 것도 찾지 않으신다."

(무명모음집 292)

12   한 원로가 말했다. "우리의 구원자는 고통과 엄중함을 가르침의 기초로 삼으셨다. 그러므로 이 기초를 피하는 자는 하나님을 알아 가는 것을 피하는 것이다. 앎을 얻기 위해서 가르침의 기초

로 아이들에게 글자를 주는 것처럼, 수도자는 노고와 고통 속에서 순종한다. 그리고는 그리스도와 함께 하나님의 공동 상속자가 된다."

13 한 원로가 말했다. "영적인 아버지에게 복종하며 사는 자는 사막으로 물러나 홀로 거하는 자보다 더 큰 보상을 받는다." 그리고 그는 덧붙여 말했다. "한 교부가 내게 이렇게 말했다. '나는 하늘에서 네 가지 반열을 보았다. 첫째는 병들었으나 하나님께 감사하는 자이다. 두 번째는 손님을 환대하며 서서 시중드는 자이다. 세 번째는 사막에서 살며 사람을 만나지 않는 자이다. 네 번째는 영적인 아버지에게 순종하며 주님 때문에 그에게 복종하는 자이다. 그런데 순종하는 자는 금관과 금목걸이를 하고 있었고 다른 자들보다 더 큰 영광을 얻고 있었다.' 그 교부가 말했다. '나는 나를 인도하는 분에게 어떻게 순종하는 자가 다른 자들보다 더 큰 영광을 얻게 되었냐고 물었다.' 그분이 내게 말했다. '손님을 환대하는 자는 자기 자신의 의지를 따라 행하는 것이다. 마찬가지로 사막에 사는 자도 자기 자신의 의지를 따라 물러난 것이다. 그러나 순종하는 자는 자신의 모든 의지를 버리면서 하나님과 자신의 영적인 아버지에게 의존한다. 그 때문에 그가 다른 자들보다 더 큰 영광을 입는 것이다.' 나의 아이들아! 이처럼 주님 때문에 행해진 순종은 아름다운 것이다. 나의 아이들아! 그대들은 이런 행함의 흔적을 일부분이라도 따르라. 오 순종이여, 모든 신자들의 구원이로다! 오, 순종이여, 모든 덕의 어머니로다! 오, 순종이여, 하늘나라를 발견하게 해 주는구나!

오, 순종이여, 하늘을 열고 땅의 사람들을 들어 올리는구나! 오, 순종이여, 천사들과 함께 살도록 해주는구나! 오, 순종이여, 모든 거룩한 자들의 음식이여! 진실로 그대에게서 거룩한 자들이 양분을 얻었고 그대에 의해 거룩한 자들이 완전하게 되었구나!"

(루푸스2, 무명모음집 296 참조)

14 어떤 노예가 수도자가 되어 소금과 빵과 물로 만족하며 45년을 보냈다. 그의 주인이 그에게 감동하였고, 얼마 후에 세상에서 물러나 크게 순종하며 자신의 노예였던 자의 제자가 되었다.

(무명모음집 23a)

15

겸손에 대한
가르침

더 낮은 자리에서 섬기기

허영은 자신이 중요한 인물인 양 위장하는 악이며, 교만은 하나님의
자리에 앉아 하나님을 변태적으로 흉내 내는 악이다. 겸손은 허영과
교만의 암덩어리를 고치는 가장 훌륭한 약이고 죄악의 사슬을 끊는
신비다.

1 압바 안토니오스가 하나님의 심판이 얼마나 심오한지 유심히 탐구하다가 이렇게 여쭈었다. "주님, 어찌하여 어떤 이들은 젊어서 죽고, 어떤 이들은 장수합니까? 왜 가난한 자들과 부유한 자들이 있는 것입니까? 어찌하여 불의한 자들이 부자가 되고, 의로운 자들이 가난하게 됩니까?" 그러자 한 목소리가 그에게 말했다. "안토니오스야! 너 자신에 주목하여라. 그런 것은 하나님께서 판단하실 몫이니 그걸 안다고 해서 네게 유익할 것이 없느니라." (안토니오스 2)

2 압바 안토니오스가 압바 포이멘에게 말했다. "인간에게 있어 훌륭한 일은 이런 것이지요. 하나님 앞에서 자기 잘못을 스스로에게 돌리는 것과 마지막 숨이 남아 있을 때까지 유혹에 대비하는 것입니다." (안토니오스 4)

3 압바 안토니오스가 또 말했다. "나는 땅 위에 펼쳐진 악마의 그물을 보고는 탄식했다. 어느 누가 여기서 빠져나갈 수 있을까? 그러자 한 목소리가 내게 '겸손이다'라고 말했다." (안토니오스 7)

4 어느 날 원로들이 압바 안토니오스에게 갔다. 그들 중에는 압바

요셉도 있었다. 안토니오스는 그들을 시험하고자 성경 말씀을 제시하고 가장 젊은 자부터 이 말씀이 무슨 뜻인지 묻기 시작했다. 원로는 각자의 대답을 듣고는 "그대는 아직 답을 찾지 못했군요"라고 말하였다. 그 다음에 그는 압바 요셉에게 말했다. "그대는 이 말씀을 어떻게 설명하실 건가요?" 그가 대답했다. "잘 모르겠습니다." 그러자 압바 안토니오스가 말했다. "참으로 압바 요셉이 길을 찾았소. 그가 모른다고 말했기 때문이오."

(안토니오스 7)

5 그에 대한 이야기이다. 그가 궁전에 있을 때 그보다 더 좋은 옷을 입은 자가 아무도 없었던 것처럼, 교회에서는 그보다 더 평범한 옷을 입은 자가 없었다고 한다. (아르세니오스 4)

6 어느 날 압바 아르세니오스가 한 이집트 원로에게 의견을 묻자 그것을 본 다른 사람이 말했다. "그대처럼 로마와 그리스 교양을 훌륭하게 쌓은 분이, 자신의 생각에 대해 이런 농부에게 물어보시다니요?" 아르세니오스가 그에게 말했다. "내가 로마와 그리스 교양은 쌓았지만, 이 농부의 글자는 아직 배우지 못했답니다." (아르세니오스 6)

7 어느 날 스케티스에서 형제들이 자그마한 건무화과 얼마를 나누어 주었다고 한다. 그런데 무화과가 보잘것없었으므로 원로를 욕되게 할까봐 압바 아르세니오스에게 가져오지 않았다. 원로가 그 사실을 알고서 이렇게 말하며 공동기도에 가지 않았다.

"그대들은 나를 쫓아내 버린 셈이야. 하나님께서 형제들에게 주신 축복을 내게 주지 않았으니 말일세. 내가 그걸 받을 자격이 없었던 게지." 이 말을 듣고 그들은 원로의 겸손에서 가르침을 얻었다. 사제가 그에게 자그마한 건무화과를 갖고 가서, 기쁨으로 그를 공동기도로 데리고 왔다. (아르세니오스 16)

8 압바 다니엘이 압바 아르세니오스에 대해 이야기했다. 그는 성경에 대한 질문에 결코 대답하지 않았다고 한다. 원한다면 능히 대답할 수 있었음에도 말이다. 마찬가지로 그는 쉬이 편지를 쓰지도 않았다. 때로 교회에 가면 사람들이 자기 얼굴을 보지 못하도록 하고, 그 자신도 타인의 시선을 끌지 않으려고 기둥 뒤에 앉곤 했다. 야곱이 그랬던 것처럼 그의 모습은 천사와 같았다. 백발에 건장한 체구였으나 여윈 몸이었다. 턱수염은 길어 복부까지 내려올 정도였고, 키가 장대 같았으나 노년의 무게로 구부정했다. 그는 아흔넷에 죽었다.

그는 신적인 아르카디우스와 호노리우스의 황실 가정교사로서 테오도시우스 대제(大帝)의 궁전에서 십일 년을 보냈다. 이후 수도사가 되기로 결심하고 은밀하게 궁을 빠져나와 이집트 알렉산드리아로 피신했다가 스케티스에서 사십 년을 보냈고 멤피스 맞은편 바빌론 위에 있는 트로에에서 십 년을 보냈다. 알렉산드리아의 카노페에서 삼 년을 그리고 마지막 한 해는 트로에에서 보내었으며, 평화와 하나님에 대한 두려움 속에서 달려갈 길을 다 마치고, 그곳에서 잠들었다. 그는 "착한 사람이요 성령과 믿음이 충만한 사람"(행 11:24)이었다. (아르세니오스 42)

9   아피라는 이름을 가진 옥시린코스의 감독에 대한 이야기이다. 그가 수도자였을 때 그는 엄격한 생활을 실천했다. 감독이 된 후에도 그는 세상에서 똑같이 살고자 했으나 그럴 수가 없었다. 그는 하나님 앞에 엎드려 말했다. "감독직 때문에 당신의 은혜가 내게서 멀어지는 것입니까?" 그러자 하나님께서 그에게 계시를 보여 주셨다. "아니다. 그때에는 사막이었고, 아무도 없었기 때문에 하나님이 그대를 돌보신 것이다. 그러나 지금 그대는 세상에 있고 사람들이 그대를 돌보고 있다." (아피 1)

10   한 원로가 말했다. "구원의 시작은 자신을 책망하는 것이다."

11   압바 카리온이 말했다. "나는 나의 아들 자카리아스보다 더 많은 육체적 노고를 이루었다. 그러나 나는 겸손과 침묵에서 그의 분량에 이르지 못했다." (카리온 1)

12   압바 자카리아스가 스케티스에 살던 시절에 그에게 환상이 내려왔다. 그는 압바 카리온에게 이 사실을 알렸다. 그는 실천의 사람으로 이런 것에 대해서 정확하게 알지 못했다. 그래서 자카리아스를 나무라며 그런 것은 마귀에게서 온다고 말했다. 자카리아스는 환상에 대해서 계속 생각하다가 밤에 압바 포이멘에게 가서 이 모든 것과 자신이 내적으로 얼마나 불타오르는가를 말했다. 원로는 그 환상이 하나님께로부터 온 것임을 알고 그를 다른 원로에게 보내면서 이렇게 말했다. "원로가 무슨 말을 하시건 자네는 그대로 행하게." 그가 그곳에 갔다. 그가 질문하기

도 전에 이 원로는 그에게 모든 것을 말했다. "이 환상은 하나님
께로부터 온 것이라네. 하지만 그대의 사부에게 가서 순종하게
나."   (자카리아스 4)

13   압바 모세가 압바 자카리아스에게 말했다. "내가 무엇을 해야
하는지 말해 주게나." 압바 자카리아스는 이 말을 듣고 그의 발
치에 엎드려 말했다. "사부님께서 제게 물어보시다니요?" 원로
가 그에게 말했다. "내 아들, 자카리아스여, 나는 성령이 그대
위에 내려오시는 걸 보았네. 아울러 그분이 그대에게 물어보도
록 강권하신다네." 그러자 자카리아스는 머리에서 두건을 벗더
니 자기 발에 놓고 밟으면서 말했다. "사람이 이렇게 밟힐 수 없
다면, 수도자가 될 수 없습니다."   (자카리아스 3)

14   압바 포이멘이 이야기했다. "형제 자카리아스가 임종할 즈음에
압바 모세가 그에게 물었다. '그대에게 무엇이 보이는가?' 그가
원로에게 말했다. '사부님, 제가 잠잠히 있는 편이 낫지 않을까
요?' 원로가 그에게 말했다. '그렇지, 잠잠하게나.' 그가 죽는 순
간에 압바 이시도로스가 거기에 앉아 있다가 눈을 들어 하늘을
보고 말했다. '자카리아스, 기뻐하게, 기뻐하게. 하늘나라의 문
들이 그대에게 열렸네.'"   (자카리아스 5)

15   압바 이사야가 말했다. "사람들의 영광을 사랑하게 되면 거짓
을 낳게 된다. 그러나 겸손을 사랑하면 마음속에 하나님에 대한
두려움이 커지게 된다. 그러니 세상에 있는 유명한 사람들의 친

구가 되려고 하지 마라. 하나님의 영광이 그대 안에서 줄어들기 때문이다."

(이사야 13, 4b)

16 그가 또 말했다. "그대가 일과기도를 바칠 때, 자신이 부족하다고 생각하면서 겸손하다면, 하나님께서 그것을 받아 주실 것이다. 그러나 그대의 마음에 어떤 교만한 생각이 올라와 그것에 동의하거나 혹은 다른 형제가 졸거나 태만했던 것을 떠올리며 그를 판단한다면, 그대의 노고가 무익할 것이다."

(이사야 25, 52)

17 그가 또 겸손에 대해서 말했다. "겸손은 다른 사람을 정죄하거나, 자신에게 악을 행한 자를 공격할 혀가 없다. 겸손은 타인의 허물을 보거나 타인을 비난하기 위해 살피는 눈이 없다. 겸손은 영혼에 유익하지 않은 것을 듣는 귀가 없다. 겸손은 자신의 잘못이 아니라면 다른 사람과 얽힐 문제가 없다. 겸손은 오직 하나님의 계명 때문에 모든 사람에 대해 평화롭다. 만일 어떤 자가 엿새 동안 금식하고 커다란 노고에 힘을 기울인다 해도 겸손의 길을 벗어난다면, 그의 모든 수고는 헛될 뿐이다."

(이사야 25, 53)

18 그가 또 말했다. "겸손을 얻은 자는 자신의 허물을 안다. 만일 겸손에다 내적 슬픔까지 더해진다면, 모든 마귀적인 생각이 물러가고 우리 영혼은 그 고유한 가치와 거룩한 덕으로 살찌게 될 것이다. 내적 슬픔과 겸손을 갖춘 자는 사람들의 비난에 흔들리

지 않다. 이는 마치 모든 화(火)와 복수로부터 그를 보호하며 인내하게 하는 갑옷과 같다. 어떤 모욕이나 화(火)가 하나님 앞에서 자기 자신의 허물을 놓고 슬퍼하는 자를 건드릴 수 있겠는가?"   (이사야 26, 2b)

19 그가 또 말했다. "앎 속에서 하나님 앞에 자신을 내어 던지고 겸손하게 계명에 순종하면 사랑이 따라온다. 그리고 사랑이 생기면 평정(平靜)이 따라온다."   (이사야 25, 2)

20 사람들이 그에게 물었다. "겸손이란 무엇인지요?" 그가 말했다. "겸손이란 스스로를 다른 모든 사람보다 더한 죄인으로 생각하며, 하나님 앞에서 자신 안에 아무런 선한 것이 없음을 인정하는 것이라네. 겸손의 일이란 이런 것이라네. 침묵하는 것과 자신을 아무것도 아닌 것으로 보는 것, 다투지 않는 것, 순종, 시선을 아래로 하는 것, 눈앞에 죽음을 떠올리는 것, 거짓을 말하지 않는 것, 헛되이 말하지 않는 것, 더 위대한 것에 반대하지 않는 것, 자신의 말을 주장하지 않는 것, 모욕을 참는 것, 늘 깨어 있는 것, 자기 자신의 의지를 제거하는 것, 누구에게도 화내지 않는 것, 누구도 시기하지 않는 것이라네."   (이사야 4, 1-3)

21 그가 또 말했다. "눈에 띄지 않고 지나가도록 온 힘을 기울여라. 이는 그대 스스로를 눈물에 바치기 위함이다. 그대는 모든 힘을 다해, 믿음에 대해 논쟁하거나 교리화하지 마라. 다만 보편교회를 따르려고 힘쓰라. 그 어느 누구도 신성의 어떤 것을 깨달을

수 없는 까닭이다." (이사야 25, 18)

22   그가 또 말했다. "말하는 것이 지혜가 아니라 말해야 할 순간을 아는 것이 지혜다. 밝히 알며 잠잠하고, 밝히 알아 말하라. 말하기 전에 숙고하고 적절한 것을 대답하라. 밝히 알아도 무지한 자처럼 되어야 하니, 수많은 노고를 피하기 위함이다. 앎으로써 자신을 드러내는 자는 자기 자신을 수고롭게 한다. 앎으로써 자랑하지 말아야 하니, 아무도 그 어떤 것도 알지 못하기 때문이다. 모든 일의 끝은 자기 자신을 대단하게 여기지 않는 것과 이웃보다 자신을 낮추는 것, 신성(神性)과 하나 되는 것에" 있다.

23   어느 날 복된 테오필로스 대감독이 니트리아의 산으로 갔다. 그 산의 압바가 그를 마중 나왔다. 대감독이 그에게 말했다. "사부님, 여기 계시면서 무언가를 더 찾으셨는지요?" 원로가 그에게 말했다. "나를 정죄하는 것과 부단히 나 자신을 책망하는 것을 찾았지요." 대감독이 그에게 말했다. "실로 이 길 외에는 다른 길이 없습니다." (테오필로스 1)

24   압바 테오도로스에 대한 이야기이다. 그는 스케티스에서 부제(副祭)가 되었으나 부제 직을 거절하고 여러 지역으로 도망했다. 그러나 원로들이 그를 데려와서 말했다. "더 이상 그대의 봉사를 저버리지 말게." 압바 테오도로스가 그들에게 말했다. "내가 이 봉사의 직무를 맡아야 하는지 하나님께 여쭙도록 해 주십시오." 그는 이렇게 하나님께 기도했다. "하나님, 내가 이 직무를

맡는 것이 당신 뜻이라면 내게 확신을 주십시오." 그러자 땅에서 하늘까지 올라가는 불기둥이 그에게 나타났고 이런 목소리가 들렸다. "네가 이런 기둥처럼 될 수 있다면, 가서 부제가 되어라." 그는 이 말을 듣고 부제의 직을 받아들이지 않기로 했다. 그가 교회에 갔을 때에 형제들이 그에게 엎드려 말했다. "그대가 부제 직을 거절한다면, 적어도 성배(聖杯)만이라도 들어 주십시오." 그러나 그는 거절하며 이렇게 말했다. "그대들이 나를 그냥 두지 않는다면 나는 이곳을 떠나겠습니다." 그리하여 그들은 그를 그냥 두었다.   (페르메의 테오도로스 25)

25   압바 난쟁이 요안네스가 말했다. "하나님의 문은 겸손이다. 우리 교부들은 많은 모욕을 받고도 하나님 나라에 즐겁게 들어갔다."   (난쟁이 요안네스 S1b)

26   그가 또 말했다. "겸손과 하나님에 대한 두려움은 모든 덕 위에 있다."   (난쟁이 요안네스 22)

27   테베 사람인 압바 요안네스가 말했다. "수도자는 무엇보다 겸손을 실천해야 한다. 첫 번째 계명에 대해 주님은 이렇게 말씀하셨다. '심령이 가난한 자는 복이 있나니 천국이 그들의 것임이요.'"(마 5:3)   (켈리아의 요안네스 2)

28   한 형제가 압바 이삭에게 물었다. "어떤 방법으로 겸손에 도달합니까?" 원로가 말했다. "하나님에 대한 두려움을 통해서라

네." 형제가 말했다. "어떤 행동으로 하나님에 대한 두려움에 이르게 되는지요?" 원로가 말했다. "내 견해로는, 모든 일에서 물러나서, 육체적인 노동에 헌신할 때라네. 그리고 힘이 남아 있다면, 영혼이 몸을 떠날 때와 하나님의 심판의 때를 기억하는 것으로써 안식을 얻게 된다네."   (크로니오스 3)

29 하루는 교부들이 멜기세덱에 대해 논하기 위해 스케티스에 모였다. 그들은 압바 코프레스를 부르는 것을 잊고 있다가 뒤늦게 그를 불러 이 주제에 대해 그에게 물었다. 그러나 그는 세 번 자기의 얼굴을 치면서 말했다. "코프레스, 그대에게 화가 있도다! 하나님께서 그대에게 하라고 명하신 것을 옆에 놓고, 하나님께서 찾지 않으시는 것을 알려고 하니 말일세." 형제들은 이 말을 듣고 자기의 수실로 달아났다.   (코프레스 3)

30 압바 모세가 말했다. "겸손을 갖춘 자는 마귀를 겸손하게 만들지만, 겸손하지 못한 자는 마귀의 놀림감이 된다."

(무명모음집 499)

31 그가 또 말했다. "말에서도 겸손할 뿐 아니라 생각에서도 겸손하라. 그대가 하나님의 뜻을 따르는 일에서 찬양받는 것은 겸손 없이 불가능하기 때문이다."

32 압바 포이멘이 말했다. "사람은 입에서 내쉬는 숨결만큼, 모든 일에서 겸손과 하나님에 대한 두려움이 필요하다."   (포이멘 49)

33 한 형제가 압바 포이멘에게 물었다. "내가 사는 곳에서 어떻게 있어야 하는지요?" 원로가 그에게 말했다. "그대가 어디에 거주하든 나그네의 마음으로 살아가게. 이는 그대의 말을 앞세우지 않도록 하기 위함이니, 그렇게 하면 그대는 쉼을 얻을 것이야."

(포이멘 S4)

34 그가 또 말했다. "그대 자신을 재어 보지 말고, 선하게 행동하는 자와 붙어 지내시오."

(포이멘 73)

35 한 형제가 압바 포이멘에게 물었다. "사부님, 수실에 있을 때에 무엇에 집중해야 합니까?" 원로가 그에게 말했다. "나라는 자는 목까지 진흙탕에 잠긴 사람에 불과하다네. 내 목덜미까지 짐을 지고 있다네. 나는 하나님을 향해 '나를 불쌍히 여겨 주십시오'라고 울부짖는다네."

(대 파울로스 2)

36 압바 요셉이 이야기했다. "우리가 압바 포이멘과 함께 앉아 있을 때에 그분이 아가톤을 압바라고 불렀다네. 나는 그분에게 말했지. '젊은 사람인데, 어찌 압바라고 부르십니까?' 압바 포이멘이 말했네. '그의 입이 나로 하여금 그를 압바라고 부르도록 한다네.'"

(포이멘 61)

37 대감독 압바 테오필로스가 어느 날 스케티스에 갔다. 형제들이

모여 압바 팜보에게 말했다. "교종에게[1] 한 말씀 하십시오. 그가
이곳에서 유익을 얻도록 말입니다." 원로가 그들에게 말했다.
"그가 나의 침묵에서 유익을 얻지 못한다면 내 말에서도 더 이
상 유익을 얻지 못할 걸세."   (테오필로스 2)

38   한 형제가 압바 시소에스에게 물었다. "겸손으로 인도하는 길이
무엇입니까?" 원로가 그에게 말했다. "겸손으로 인도하는 길은
곧 자기 조절과 하나님께 기도하는 것과 모든 사람의 아래에 있
고자 애쓰는 것이지."   (티토에스 7)

39   한 형제가 압바 시소에스에게 이렇게 물었다. "제 생각이 하나
님 곁에 머무르는 것을 인식하게 됩니다." 원로가 그에게 말했
다. "그대의 그러한 인식은 대단한 일이 아닐세. 대단한 일이란,
피조물 전체보다 자기 자신을 낮추는 것이라네. 그것과 함께 육
체적인 노고가 우리를 겸손으로 인도하지."   (시소에스 13)

40   복된 신클레티케가 말했다. "쐐기가 없으면 배의 나사를 조이는
것이 불가능하듯, 겸손 없이는 구원받을 수 없다." (신크레티케 S9)

41   압바 히페레키오스가 말했다. "겸손은 높이 솟은 생명나무이다."

---

1. 알렉산드라 교회의 지도자를 높여서 부르는 말이다.

42   그가 또 말했다. "바리새인과 함께 정죄 받지 않으려면 세리를 본받아라. 그리고 모세의 온유함을 선택하라. 아주 단단하기 그지없는 그대의 마음을 생수의 샘으로 바꾸기 위해서 말이다."

(신클레티케 11)

43   한 원로가 말했다. "허영이나 우월감의 사념이 그대 안에 들어올 때마다, 그대는 그대의 의식을 꼼꼼히 살펴 그대가 모든 계명을 지켰는지, 그대가 원수를 사랑하고 그들의 약함을 슬퍼했는지, 그리고 그대가 자기 자신을 무익한 종이자(눅 17:10 참고) 모든 자보다 더한 죄인으로 여겼는지를 점검해 보라. 설령 그대가 모든 것을 이루었고 그런 사념이 모든 것을 없애 버린다는 것을 안다 할지라도, 그대 자신이 위대하다는 생각을 결코 하지 마라."

(무명모음집 299)

44   한 원로가 말했다. "형제를 거슬러 그대 마음으로 '나는 더욱 깨어 있고 더욱 수덕에 열심이다'라고 말하지 마라. 오히려 가난한 마음과 꾸밈없는 사랑으로 그리스도의 은혜에 의존하라. 허영심에 굴복하지 않고 그대의 노고를 잃지 않기 위함이다. 성경에 기록되기를 '그런즉 선 줄로 생각하는 자는 넘어질까 조심하라'고(고전 10:12) 했고, 주님 안에서 '소금으로 맛을 냄과 같이 하라'"(골 4:6)고 했다.

45   한 원로가 말했다. "가치 이상으로 높임 받고 찬양받는 자는 그것 때문에 큰 해를 입게 된다. 그러나 사람들에게서 아무런 높

임을 받지 않는 자는 저 높은 곳에서 영광을 입게 될 것이다."

(무명모음집 300)

46   한 형제가 어떤 원로에게 물었다. "자주 엎드리는 것이 좋은 것
인지요?" 원로가 그에게 말했다. "우리는 눈의 아들 여호수아가
얼굴을 땅에 대고 엎드렸을 때 하나님께서 그에게 나타나심을
보았다네."

(무명모음집 301)

47   한 원로에게 물었다. "우리는 어찌하여 마귀에게 이토록 공격당
하는 것입니까?" 그가 말했다. "우리가 우리의 무기를 버렸기 때
문이라네. 우리의 무기는 조롱당하는 것과 겸손과 가난과 인내
라네."

(무명모음집 302)

48   한 원로가 말했다. "어떤 시험 가운데에서도 타인을 비난하지
말고 그대 자신을 비난하라. '내 죄 때문에 이런 일이 닥친 거야'
라고 말하면서 말이다."

(무명모음집 305)

49   한 형제가 어떤 원로에게 물었다. "겸손이란 무엇입니까?" 원로
가 말했다. "그대에게 악을 행하는 자들에게 선을 행하는 것이
라네." 형제가 말했다. "이 분량에 도달하지 못한다면 어떻게 해
야 합니까?" 원로가 말했다. "잠잠한 쪽을 택하여 피하게나."

(무명모음집 305A)

50   어느 날 사람들이 테바이드의 한 원로에게 마귀 붙은 사람을 데

리고 왔다. 그들이 자꾸 간청하자 원로는 마귀에게 말했다. "하나님의 피조물에게서 나와라." 그러자 마귀가 원로에게 말했다. "나는 떠나겠지만 그대에게 질문을 하나 하겠다. 복음서에서 염소는 누구고 양은 누구냐?"(마 25:32-33 참고) 원로가 말했다. "염소는 나다. 양은 하나님께서 아신다." 이 말을 듣고 마귀는 큰 소리를 질렀다. "보아라. 나는 그대의 겸손 때문에 나간다." 바로 그 시간에 마귀가 떠나갔다. (무명모음집 307)

51   한 이집트 수도자가 황제 테오도시우스 2세의 시절에 콘스탄티노플의 외곽에 살았다. 황제는 이 길을 따라가면서 모든 사람들을 보내고 홀로 수도자의 집 문을 두드리게 되었다. 수도자는 황제에게 문을 열어 주면서 황제인 것을 알아보았지만 그가 관료인 것처럼 그를 맞아들였다. 그들은 집으로 들어가서 기도하고 앉았다. 황제는 그에게 질문하기 시작했다. "이집트에서는 교부들이 어떻게 지냅니까?" 수도자가 말했다. "모든 수도자가 제국을 위해 기도합니다." 그리고 그는 "좀 잡수시지요"라고 덧붙여 말했다. 수도자는 황제를 위해 빵을 물에 적셔 주었고 기름과 소금을 좀 섞었다. 황제는 그것을 먹었다. 그는 황제에게 마실 물을 주었다. 그런 다음 황제는 그에게 말했다. "그대는 내가 누구인지 아십니까?" 그가 말했다. "그대가 누구인지는 하나님께서 아시겠지요." 그러자 그는 수도자에게 "나는 테오도시우스 황제입니다"라고 말했다. 원로는 즉시로 그에게 엎드려 절했다. 황제는 그에게 "그대는 복이 있습니다. 이 세상의 근심이 없으니! 실로 나는 황실 가문에서 태어났지만, 오늘처럼 빵과 물

을 즐겨본 적이 없습니다. 아주 즐겁게 먹었습니다." 그리고 황제는 그를 높여 주기 시작했다. 그러자 원로는 이를 피해 이집트로 돌아갔다.   (무명모음집 308)

52   원로들이 말하곤 했다. "우리 안에 싸움이 없을 때 더욱더 겸손합시다. 하나님께서 우리의 약함을 아시고 우리를 보호해 주시는 까닭입니다. 우리가 자신을 높인다면 하나님은 우리에게서 당신의 보호하심을 거두실 것이고, 그러면 우리가 길을 잃을 겁니다."   (무명모음집 309)

53   한 형제에게 악마가 빛의 천사로 가장하고 나타나 말했다. "나는 대천사장 가브리엘이다. 너희에게 보냄을 받았다." 형제가 그에게 말했다. "당신이 다른 사람에게 보냄 받지 않았는지 살펴보시오. 나는 천사를 볼 자격이 없는 사람이기 때문이오." 그러자 즉시로 악마가 보이지 않게 되었다.   (무명모음집 310)

54   원로들이 말했다. "설령 천사가 정말로 그대에게 나타난다 할지라도 맞아들이지 말고, 이렇게 말하며 겸손히 행하시오. '나는 천사를 볼 자격이 없는 자입니다. 나는 죄 가운데 살고 있습니다.'"   (무명모음집 311)

55   마귀들이 또 다른 원로를 속이고자 하여 말했다. "그대는 그리스도를 보고자 원하는가?" 그가 그들에게 말했다. "너희에게 저주가 있으리라! 그리스도에 대해 그따위 말을 하다니! 나는 '보

라 그리스도가 여기 있다 혹은 저기 있다 하여도 믿지 말라'(마 24:23)고 말씀하신 그리스도를 믿는다." 마귀들은 즉시로 보이지 않게 되었다. (무명모음집 313)

56 한 교부에 대한 이야기이다. 그가 은사를 얻기 위해 칠 년 동안 하나님께 간청했다고 한다. 그런 다음 그는 위대한 원로에게 가서 자기가 받은 은사에 대해서 이야기했다. 이야기를 들은 원로는 슬퍼하며 이렇게 말하는 것이었다. "얼마나 힘드시오! 가서 그 은사를 제거해 달라고 칠 년을 더 간청하시오. 그 은사는 그대에게 적합한 것이 아니기 때문이오." 그리하여 그는 떠나가서 그 은사가 그에게서 물러갈 때까지 그렇게 했다. (무명모음집 380)

57 한 교부가 이야기했다. 하나님에 대한 두려움과 겸손의 마음으로 형제를 권면하면, 하나님으로부터 비롯된 명령이라 형제가 순종한다고 한다. 그러나 하나님에 대한 두려움 없이 상대를 지배할 목적으로 명령하면, 마음의 비밀을 아시는 하나님께서 형제로 하여금 그 권위에 순종하도록 하지 않으신다. 하나님 때문에 이루어지는 일과 인간의 권위로 행해지는 일은 이처럼 확연히 구별된다. 하나님으로부터 비롯된 일은 겸손하지만, 권위적 태도나 분노, 동요에서 비롯된 일은 악한 자로부터 오는 것이다. (무명모음집 315)

58 한 원로가 말했다. "나는 거만하게 이기는 것보다 겸손하게 패하는 것을 더 좋아한다." (무명모음집 316)

59 　한 원로가 말했다. "그대의 동료를 업신여기지 마라. 하나님의
　　영이 그대 안에 있는지 동료 안에 있는지 알지 못하기 때문이
　　다. 나는 '그대의 동료'가 그대에게 봉사하는 자라고 말하고 싶
　　다." (무명모음집 317)

60 　한 형제가 어떤 원로에게 물었다. "만일 함께 사는 형제들이 어
　　떤 부적절한 행동을 했을 때, 그걸 말해야 합니까?" 원로가 그에
　　게 말했다. "그대보다 나이가 많거나 동년배라면, 오히려 침묵
　　을 지키게. 그러면 안식을 얻을 걸세. 그렇게 하면 그대는 자신
　　을 더욱 작게 만드는 것이고 근심이 없게 되는 것이네." 형제가
　　말했다. "사부님, 그럼 그 일 때문에 악한 영들이 저를 동요시키
　　면 어떻게 합니까?" 원로가 말했다. "만약 그대가 괴롭다면, 단
　　한 번 겸손하게 경고하게. 그들이 그대의 말을 듣지 않는다면,
　　하나님 앞에 그대의 노고를 내려놓게. 그러면 하나님께서 그대
　　에게 쉼을 주실 것이네. 그것이야말로 주님 앞에 엎드리는 것이
　　며 자신의 의지를 내려놓는 것이라네. 그대의 근심이 하나님께
　　합당한 것이 되려면, 과시하지 않도록 주의하게. 자신이 보는
　　것에 대해서 침묵하는 편이 더 낫다네. 그것이 겸손이기 때문이
　　네." (무명모음집 318)

61 　다른 한 형제가 어떤 원로에게 물었다. "하나님의 뜻에 따라 사
　　람이 더 나아진다는 것이 무슨 뜻입니까?" 원로가 말했다. "사람
　　이 더 나아진다는 것은 겸손을 두고 하는 말이네. 겸손할수록,
　　그는 더 나은 사람이 되는 것이라네." (무명모음집 381)

62 한 원로가 말했다. "방앗간 주인이 맷돌 돌리는 가축에게 눈가리개를 하지 않는다면, 이 가축은 돌아서서 자기가 찧은 곡식을 먹을 것이다. 마찬가지로 우리 또한 우리가 하는 선한 것을 보지 말아야 한다. 우리 자신을 영광스럽게 하면 우리는 삯을 잃게 될 것이다. 때로 우리는 깨끗지 못한 생각에 던져지고, 그런 자신의 모습을 정죄하게 된다. 이런 더러움은 우리의 조그만 선행을 가려 주는 눈가리개와 같다. 실로 사람이란 스스로를 꾸짖을 때 자신의 수고를 잃지 않는 법이다." (무명모음집 322)

63 그가 또 말했다. "때가 이르기 전에 가르치지 마라. 그렇지 않으면 그대의 한평생이 지적(知的)으로 협소해질 것이다."

(무명모음집 669)

64 한 원로에게 물었다. "겸손이란 무엇입니까?" 그가 대답했다. "겸손이란 위대하고 신적인 일이라네. 겸손의 길은 육체적인 노고와 자기 자신을 죄인으로 생각하는 것, 자기 자신을 모든 자보다 열등하게 생각하는 것이네." 형제가 말했다. "자기 자신을 모든 자보다 열등하게 생각한다는 것은 무엇입니까?" 원로가 말했다. "그것은 타인의 허물이 아니라 자기 자신의 허물에 주목하며 끊임없이 하나님께 기도하는 것이네." (무명모음집 323)

65 한 원로가 말했다. "수도원장과 친하게 지내지 말고 그를 자주 찾아가지 마라. 그것 때문에 그대가 자신만만해져서 다른 사람에게 명령 내리기를 열망할까 두렵다." (무명모음집 326)

66   피를 나눈 형제인 두 수도자가 있었다. 악마는 이들을 서로 갈
라놓으려고 했다. 그런데 한번은 동생이 등잔을 켜서 등경 위
에 두었다. 마귀는 등경이 넘어지게 했고, 화가 난 형이 동생을
때렸다. 그러자 동생이 엎드려 절하며 말했다. "형님, 좀 참으세
요. 내가 다시 불을 붙일 게요." 그러자 주님의 능력이 임하여
아침까지 마귀를 괴롭혔다. 한 그리스 사제는[2] 다음과 같이 말
하며 처음부터 겸손을 훈련하였다. "겸손은 원수의 모든 능력을
물리친다. 나는 마귀가 이렇게 말하는 것을 직접 들었다. '우리
가 수도자를 혼란에 빠트리려고 할 때, 그들 중 하나가 돌아서
서 엎드리면 우리의 모든 힘은 무용지물이 된다.'"

(무명모음집 77)

67   한 형제가 어떤 원로에게 가서 안부를 묻자 원로가 대답했다.
"잘 지내지 못한다네. 나는 삼십 년 동안 매일 하나님 앞에 서서
기도하며 나 자신을 저주했다네. 그리고 하나님께 이렇게 말씀
드렸네. '사악한 꾀를 꾸미는 자들을 불쌍히 여기지 마십시오'(시
59:5 참고). '악한 사람은 누구든지 다 멸해 주십시오'(시 145:20 참
고). '그 저주받은 자들은 주님의 계명에서 이탈하는 자들입니
다'(시 119:21 참고). 내가 거짓말쟁이이면서 나는 매일 하나님께
이렇게 말했다네. '당신은 거짓말쟁이들을 멸망시키시고 싸움
쟁이들과 사기꾼들을 몹시도 싫어하십니다'(시 5:6 참고). 그리고
형제에 대해서 원한을 가진 채 하나님께 이렇게 말했다네. '우리

---

2. 이교도 사제

가 우리에게 죄지은 자를 사하여 준 것 같이 우리 죄를 사하여 주옵소서'(마 6:12 참고). 그리고 온통 먹는 것에 집중하면서도 이렇게 말했다네. '음식을 먹는 것조차 잊을 정도로 내 마음은 풀처럼 시들어서 말라 버렸습니다'(시 102:4 참고). 그리고 아침까지 누워 있으면서도 이렇게 노래했다네. '한밤중에라도 주님의 의로운 규례들이 생각나면, 벌떡 일어나서 주님께 감사를 드립니다'(시 119:62 참고). 또한 스스로를 자책하지 않으면서 이렇게 말했다네. '나는 탄식만 하다가 지치고 말았습니다'(시 6:7 참고). '밤낮으로 흘리는 눈물이 나의 음식이 되었구나'(시 42:3 참고). 나는 나쁜 생각을 하면서도 하나님께 이렇게 말했다네. '내 입의 말과 내 마음의 생각이 언제나 주님의 마음에 들기를 바랍니다'(시 19:14 참고). 그리고 항상 금식하지도 않으면서 이렇게 말했다네. '금식으로 내 무릎은 약해지고 내 몸에서는 기름기가 다 빠져서 수척해졌습니다'(시 109:24 참고). 나는 교만과 육의 안락함으로 가득 차 있었지만, 나 자신을 기만하며 이렇게 노래했다네. '내 괴로움과 근심을 살펴 주십시오. 내 모든 죄를 용서하여 주십시오'(시 25:18 참고). 그리고 전혀 준비되어 있지 않았지만, 이렇게 고백했다네. '하나님 나는 내 마음을 정했습니다. 나는 내 마음을 확실히 정했습니다'(시 57:7 참고). 간단히 말해 나의 모든 예배는 오히려 나 자신을 고소하고 정죄하였네." 형제가 원로에게 말했다. "사부님, 이 모든 것은 다윗이 그 자신에 대해 말했던 것 아닙니까?" 그러자 원로가 탄식하며 말했다. "내 아들아, 내 말을 믿어 주게. 우리가 하나님 앞에서 기도하는 바를 행하지 않는다면, 우리는 멸망으로 치닫는다네."   (무명모음집 587)

68 한 형제가 어떤 원로에게 이렇게 물었다. "사부님, 이 세대가 어찌하여 교부들의 수덕을 지키지 못하는지요?" 원로가 그에게 말했다. "이 세대가 하나님을 사랑하지도 않고, 사람을 피하지도 않고, 세상의 물질적인 것을 미워하지도 않기 때문이라네. 사람과 물질적인 것을 피하는 자에게만 수덕이 적합한 것이네. 사람이 자기 앞에 있는 물질을 멀리하지 않는다면 자기 밭에 타오르는 불을 끌 수가 없네. 이 세대의 사람들은 그 불을 끄지 않았다네. 마찬가지로 수고하여야 겨우 빵을 구할 수 있는 그런 곳에 가지 않는다면 수덕을 얻을 수 없다네. 영혼은 보지 못하는 것을 결코 열망할 수 없기 때문이지." (무명모음집 588)

69 그는 또 앙심에 대해서 말했다. "오직 천사들만이 결코 타인과 싸우지 않고 타인을 괴롭히지도 않으며, 다른 사람으로부터 괴로움을 당하지도 않는다. 어느 정도 동요하고 곧 화해하는 것이 선한 싸움을 싸우는 자의 일이다. 그러나 동요하거나 괴로움을 당할 때에 얼마간이나 혹 하루 동안이라도 슬픔이나 화를 간직한다면 그는 마귀들의 형제가 된다. 형제가 우리에게 죄를 범했을 때 그를 용서하지 않는 그 기간만큼, 자신의 죄에 대해서도 하나님께 용서를 청하거나 용서받을 수 없다.

70 그가 또 말했다. "무언가를 훔치거나 거짓을 말하거나 또는 다른 죄를 저지르는 자는 그것에 대해 개탄하고 자책하고 회개한다. 그러나 자기 영혼 안에 앙심을 품은 자는 그가 먹든지 마시든지 잠을 자든지 걷든지, 언제나 자기 속에 일종의 독을 빨아

들이는 것과 같다. 그는 죄에서 벗어날 수 없을 뿐 아니라 하나님께 올리는 기도조차 자신에게 저주가 된다. 한마디로 하나님께서 그의 수고를 세어 주지 않으신다." (무명모음집 590)

71 한 원로가 말했다. "개나 돼지나 그 어떤 것이라도 죄인인 인간보다 더 불결하지 않다. 동물들은 비록 이성이 없어도 그들만의 고유한 질서를 지키지만, 하나님의 형상으로 된 인간은 종종 자신의 고유한 위치를 지키지 못하기 때문이다."

72 그가 또 말했다. "우리가 사람을 사랑하는 것처럼 하나님을 사랑하면 얼마나 행복할까. 많은 자들이 친구들을 괴롭게 한 후에 밤낮 끊임없이 그들에게 간청하고 선물을 보내어 그들의 마음을 돌이키려는 것을 본다. 그러나 하나님이 우리에게 화내실 때는, 그분과 화해하려고 간청하거나 애쓰지 않는다."

16

악을 참아 견딤에 대한 가르침

모욕하는 자를 축복하며 견디기

소유의 권리가 인정법(人定法)이자 하위법이라면, 필요한 자에게 주어야 한다는 사상은 자연법이자 상위법이다. 인격 침해나 명예훼손 같은 악조차도 영혼의 치료제로 사용될 수 있다. 자신을 십자가에 못 박을 때 '천사 같은 삶'에 다가간다.

1 　압바 겔라시오스에 대한 이야기이다. 그는 신구약이 다 있는 가죽 성경책을 가지고 있었는데 그것은 은 열여덟 냥의 가치가 있을 만큼 값진 것이었다. 그는 항상 성경책을 교회에 두었는데, 이는 형제들 중 누구든지 원하기만 하면 그것을 읽도록 하기 위함이었다. 그런데 외지에서 온 한 형제가 그 성경책을 보고는 탐이 나서 그것을 훔쳐 달아났다. 원로는 그 사실을 알아챘지만, 그를 뒤쫓지는 않았다. 그 형제는 도시로 가서 그것을 팔고자 했다. 그는 살 사람을 찾은 후에 값으로 열여섯 냥을 불렀다. 사려는 자가 그에게 말했다. "내가 그걸 살펴볼 테니 우선 내게 주시오. 그런 다음 값을 치르겠소." 그는 성경책을 가지고 압바 겔라시오스를 찾았다. 그리고 팔려는 사람이 요구한 값을 말하며 살펴봐 달라고 요청했다. 원로가 말했다. "그것을 사시오. 아름다운 책이라 그만큼의 값어치가 있소." 그런데 그 사람은 가서, 팔려는 자에게 다르게 말하였다. "내가 이걸 압바 겔라시오스에게 보여 주었더니 그분이 내게 '그대가 말한 값어치에 미치지 못한다오'라고 말했소." 이 이야기를 들은 형제가 말했다. "원로가 다른 말씀은 하지 않던가요?" 그는 다른 말씀은 없었다고 했다. 그러자 형제가 말했다. "나는 이 책을 더 이상 팔고 싶

189

지 않아요." 그 형제는 자책감으로 가득 차서 원로를 찾아가 용서를 구하고 성경책을 다시 받아 달라고 간청하였다. 그러나 원로는 성경책을 받으려 하지 않았다. 그러자 형제가 그에게 말했다. "사부님이 이걸 받지 않으시면, 제게는 평화가 없을 것입니다." 그가 형제에게 말했다. "그대에게 평화가 없다면 내가 다시 받겠네." 그 형제는 그곳에서 원로의 행함으로 유익을 얻으면서 죽을 때까지 살았다.　　　　　　　　　　　　　　　(겔라시오스 1)

2　압바 아모에의 제자인 테베 사람 압바 요안네스에 대한 이야기이다. 그가 12년 동안 원로의 시중을 들 즈음에 원로가 병들었다. 원로는 돗자리에 앉을 때도 그의 도움이 필요했다. 요안네스는 원로를 위해 많은 수고를 했지만 그는 요안네스를 업신여겼다. 그리고 그에게 물러가 쉬라는 말을 단 한 번도 하지 않았다. 그런데 자신이 임종할 즈음, 그는 요안네스의 손을 잡으며 원로들 앞에서 "물러가게. 물러가게"라고 말하며 원로들에게 그를 맡겼다. "이 자는 천사입니다. 사람이 아니에요." (테베의 요안네스 1)

3　스케티스의 사제였던 압바 이시도로스에 대한 이야기이다. 누군가 약하고 태만하거나 거만한 형제가 있어서 그를 보내고자 하면, 그는 이렇게 말했다. "그 형제를 내게 데려오게." 그리고는 그 형제를 자신의 수실에 데려와서, 오래 참음으로써 그 형제를 구원했다.　　　　　　　　　　　　　(스케티스의 이시도로스 1)

4   압바 마카리오스가 이집트에 있을 때였다. 그는 어느 날 노새를 끌고 와 자신의 수실에서 물건을 훔치던 자를 발견했다. 압바 마카리오스는 낯선 사람처럼 서서 문을 잡은 채, 노새에게 짐 싣는 것을 도와주었다. 그리고 마음의 평온을 간직한 채 그를 보내면서 이렇게 말했다. "우리가 이 세상에 아무것도 가지고 온 것이 없다(딤전 6:7 참고). 원하던 대로 되었으니 주님의 이름을 찬양할 뿐이다"(욥 1:21 참고).   (마카리오스 18)

5   압바 파울로스와 그의 형제 티모테오스가 스케티스에 살았는데, 여러 이유로 그들 사이에 언쟁이 생기게 되었다. 압바 파울로스가 말했다. "우리가 얼마 동안 이렇게 살아야 할까?" 압바 티모테오스가 그에게 말했다. "용서하게. 내가 그대에게 반대할 때 나를 참아 주게나. 그러면 그대가 나를 반대할 때 나도 그대를 참아 주겠네." 이처럼 하면서 그들은 나머지 날 동안 평화롭게 지냈다.   (파울로스 1)

6   압바 포이멘의 형제인 파에시오스는 수실 밖에서 다른 사람들과 친하게 지냈다. 압바 포이멘은 그것이 탐탁지 않았다. 그래서 압바 암모나스에게 도망치듯 가서 말했다. "내 형제 파에시오스가 다른 사람들과 친하게 지내는데, 내가 편치 않습니다." 압바 암모나스가 말했다. "포이멘, 그대는 아직도 살아 있는가? 가서 수실에 앉아 마음속으로 자신이 이미 일 년 전에 무덤에 들어갔다고 생각하게나."   (포이멘 2)

7   압바 포이멘이 말했다. "힘든 일이 닥쳐올 때 그것에 대해 승리하는 방법은 침묵하는 것이다."

(포이멘 37)

8   한 교부가 말했다. "어떤 자가 그대를 모욕하면 그를 축복하시오. 만약 그가 그대를 맞아들이면 둘 모두에게 좋은 일이오. 만약 맞아들이지 않는다면 그 자는 하나님께 모욕을 받고 그대는 축복받을 것이오."

9   어떤 독수자[1]에 대한 이야기이다. 어떤 자가 그를 모욕하거나 화나게 할수록, 그는 더욱 이렇게 말했다. "이런 종류의 사람들은 열심 있는 자들을 더 발전하게 해 준다. 반면 칭찬하는 자들은 너희 영혼을 동요시키고 너희를 나쁜 길로 인도한다"(시 9:15 참고).

(무명모음집 336)

10   한 원로가 말했다. "자신을 괴롭히거나 무시하거나 고통을 주거나 해하는 자들을 기억 속에 담고 있는 자는 그들을 그리스도께서 보내신 의사로 생각해야 한다. 그대가 이들로 말미암아 고통받는다는 것은 그대의 영혼이 그만큼 병들었다는 표시이기 때문이다. 그러니 그대는 이러한 형제를 기뻐하고 그들을 위해 기도할 수 있어야 한다. 그 고통들을 그리스도께서 보내 준 구원의 치료약으로 맞아들이라. 만일 그대가 그 형제에 대해서 화를 낸다면, 그대는 그리스도에게 이렇게 말한 것이나 다름없다. '나

---

1. monazon(모나존)

는 당신의 치료약을 받지 않겠습니다. 제 상처가 곪아 터지는 편이 더 좋습니다.'"

11   그가 또 말했다. "자신의 병을 치료하려면 의사의 처방을 따라야 한다. 몸이 아픈데 수술을 받거나 하제(下劑)[2]를 복용하는 것은 마음 내키는 일이 아니나 달리 방법이 없다. 힘들고 괴롭겠지만 짧은 고통으로 오랜 병에서 해방될 수 있음을 믿어야 한다. 그대의 영혼을 치료하는 예수의 소작기(燒灼器)[3]는 곧 그대를 경멸하거나 모욕하는 것이다. 그것이야말로 헛된 영광에서 그대를 해방시키기 때문이다. 유익한 고통에서 도망하는 자는 영원한 생명에서 도망하는 것이다. 누가 거룩한 스데반에게 영광을 주었는가? 스데반은 자기에게 돌을 던지는 자들 덕택에 큰 영광을 얻었다."

12   그가 또 말했다. "나를 정죄하는 자들을 정죄하고 싶지 않다. 오히려 그들을 은혜로운 자들이라 부르고 싶다. 그가 허영에 찬 내 영혼에 경멸이라는 치료제를 발라 준다면, 나는 영혼의 의사를 만난 것과 같다."

13   그가 또 말했다. "우리는 그리스도의 십자가를 보고 그분의 수난에 대해서 읽는다. 그러나 우리 자신은 어떤 모욕도 참으려

---

2. 설사가 나게 하는 약.
3. 소작은 외과에서 약품이나 전기로 병 조직을 태우는 치료법을 말한다. 소작기는 그러한 용도로 사용되는 도구이다.

하지 않는다."

14 강도들이 어느 날 한 원로의 독수처에 와서 말했다. "수실에 있는 모든 것을 내놓아라." 그가 말했다. "그대들 마음에 드는 것은 다 가져가시오." 그리하여 그들은 수실에 있는 것을 다 가지고 떠났다. 그러나 그들은 지갑을 찾지 못한 채 그냥 가 버렸다. 원로는 급히 그들을 뒤따라가며 소리쳤다. "그대들이 잊은 것이 있소. 이 지갑도 가져가시오." 그들은 원로가 자신들의 악을 참아 견디는 것에 놀라며 자신들이 가지고 간 모든 것을 다시 갖다 놓고 회개했다. 그리고는 서로에게 이렇게 말했다. "이분은 하나님의 사람이구나!"   (무명모음집 337)

15 어떤 형제들이 인적 없는 곳에 사는 한 거룩한 원로에게 왔다. 그들은 그의 독수처 바깥에서 어린 목동들이 상스러운 말을 하는 것을 보게 되었다. "사부님, 사부님은 이 아이들을 어떻게 참아 내시기에 그런 무례한 말을 그치라고 훈계조차 하지 않으십니까?" 원로가 말했다. "형제들이여, 나도 훈계하고 싶었던 때가 있었다네. 그러나 나는 이렇게 말하며 회개했지. '내가 이런 조그만 것도 참지 못한다면, 닥쳐올 큰 시험을 어떻게 참아 낼 수 있을 것인가?'라고. 그리하여 이제는 이런 일을 참아 내는 데 익숙해졌다네."

16 한 원로에게 참된 제자가 있었다. 그런데 원로는 옹졸한 마음으로 제자를 문밖으로 쫓아냈다. 이를 까마득히 잊고 있던 원로가

오랜 시간이 지나고 나서야 문을 열었다. 그런데 그 제자는 자리를 떠나지 않은 채 그대로 앉아 있었다. 원로는 그에게 절을 하며 이렇게 말했다. "페트로스여, 그대의 겸손과 인내가 나의 옹졸함을 이겼다네. 들어오게. 이제부터는 그대가 원로와 사부가 되게. 나는 젊은이가 되고 제자가 되겠네. 그대는 행업으로 나의 나이를 넘어섰다네." (로마인 2)

17 어떤 위대한 원로의 이웃에 살던 형제에 대한 이야기이다. 그 형제는 원로의 수실에 들어가 거기 있던 것을 훔쳤다. 원로는 그가 훔치는 것을 보았으나 꾸짖지 않고 더 열심히 일하면서 이렇게 말했다. "틀림없이 그 형제가 곤궁했을 것이야." 원로는 그 일로 많이 괴로웠으나, 빵을 아껴 먹으며 열심히 일했다. 원로가 임종할 무렵에 형제들이 그를 에워쌌다. 그런데 원로는 도둑질한 형제를 보고서 이렇게 말했다. "내게 가까이 오게." 원로는 형제의 손에 입을 맞추고 말했다. "형제들이여, 나는 이 손에 감사한다네. 이 손 덕분에 내가 하늘나라에 들어가기 때문이지." 그러자 그 형제는 자책하며 회개했다. 그 후로 위대한 원로에게서 보았던 실천을 그대로 행함으로, 그 형제 또한 인정받는 수도자가 되었다. (무명모음집 339)

17

사랑에 대한
가르침

하나님을 향한 길, 사랑

가슴의 화(火)와 배의 욕망을 정화하고 하나님을 열망하면 지성은 고
요 속에서 사랑에 도달한다. 평정의 끝은 사랑이고 사랑은 모든 덕의
완성이다. 자기 자신이나 자기 옆에 있는 대상이나 자신 아래에 있는
사물보다 하나님을 더 사랑한다.

1   압바 안토니오스가 말했다. "나는 하나님을 더 이상 두려워하지 않고 사랑한다. 사랑은 두려움을 쫓아내기 때문이다."

(안토니오스 32)

2   그가 또 말했다. "생명과 죽음은 우리의 이웃에게 달려 있다. 우리가 형제를 얻으면 하나님을 얻게 될 것이나, 우리가 형제를 넘어지게 하면 그리스도에게 죄를 짓는 것이다."   (안토니오스 9)

3   니트리아의 압바 아문이 압바 안토니오스에게 가서 말했다. "내가 알기로 내가 사부님보다 더 많은 노고(勞苦)를 행하는데 어떻게 사부님의 이름이 더 위대한 것입니까?" 압바 안토니오스가 그에게 말했다. "그건 내가 그대보다 하나님을 더 사랑하기 때문이라네."

(아문 1)

4   압바 힐라리온이 팔레스티나에서 산에 있는 압바 안토니오스한테 갔다. 압바 안토니오스가 그에게 말했다. "잘 오셨습니다. 새벽을 깨우는 샛별이시여!" 그러자 압바 힐라리온이 그에게 말했다. "그대에게 평화가 있기를 빕니다. 세상을 떠받드는 빛의 기

둥이여!" (힐라리온 1)

5 세 명의 교부가 매년 관례적으로 복된 압바 안토니오스에게 가
곤 했다. 그중 두 명은 자신들의 생각과 영혼의 구원에 대해서
그에게 물었다. 그러나 나머지 한 명은 언제나 침묵을 지켰고
어떤 질문도 하지 않았다. 오랜 시간이 지난 뒤에 압바 안토니
오스가 그에게 말했다. "그대가 여기에 온 지 오랜 시간이 지났
다네. 그런데 자네는 내게 한 번도 질문한 적이 없다네." 그가
대답했다. "사부님, 사부님을 지켜보는 이것만으로도 충분합니
다." (안토니오스 27)

6 압바 마르코스가 압바 아르세니오스에게 말했다. "사부님은 왜
우리를 피하시는지요?" 원로가 그에게 말했다. "내가 그대들을
사랑하는 줄 하나님께서 아신다네. 그러나 내가 하나님과 함께
하면서 동시에 사람과 함께할 수는 없다네. 공중에 있는 헤아릴
수 없이 많은 세력은 단 하나의 의지만을 갖네. 반면 사람들은
많은 의지를 갖고 있지. 그러니 내가 하나님을 버려두고, 사람
들과 함께 있을 수 없지 않겠나." (아르세니오스 13)

7 압바 아가톤이 말했다. "나는 결코 누군가에게 원한을 품은 채
로 누운 적이 없다. 그리고 할 수 있는 한 누군가가 내게 원한을
품은 채 눕게 한 적도 없다." (아가톤 4)

8 압바 이사야가 말했다. "사랑이란 쉼 없이 감사하며 하나님께

아뢰는 것이다. 하나님께서는 감사를 기뻐하시기 때문이다. 감사는 안식의 증거이다."

9 어느 날 압바 요안네스가 다른 형제들과 함께 스케티스에서 올라갔는데, 날이 어두워 안내자가 길을 잘못 들었다. 형제들이 압바 요안네스에게 말했다. "사부님, 어떻게 할까요? 우리가 어둠 속에서 길을 헤매다가 위험에 처할까 걱정됩니다." 원로가 그들에게 말했다. "우리가 이것을 그에게 말하면, 그는 풀이 죽고 수치스러울 걸세. 그에게는 아픈 척하면서 '나는 더 이상 걸을 수 없으니 동틀 때까지 여기서 기다리겠네'라고 말하겠네." 그가 그렇게 하였다. 다른 자들도 "우리도 더 이상 갈 수 없습니다. 우리는 사부님과 함께 있겠습니다"라고 하였다. 그리하여 그들은 동이 틀 때까지 머물렀고, 그 형제에게 싫은 소리를 하지 않았다. (난쟁이 요안네스 17)

10 압바 포이멘이 말했다. "어느 누구에게 조금의 악도 행하지 않도록 최선을 다하라. 각 사람에 대해 그대의 마음을 순수하게 지키라." (시내사본 712)

11 그가 또 말했다. "'사람이 친구를 위하여 자기 목숨을 버리면 이보다 더 큰 사랑이 없나니'(요 15:13)라는 말씀이 있다. 누군가에게 괴로운 말을 들을 때 그 자리에서 대꾸할 수도 있지만, 아무 말 없이 애써 괴로움을 참는 것이 좋다. 혹 어떤 일을 놓고 누군가 그대에게 폭력을 가할 때, 상대에게 복수하지 않으며 그것을

참을 수만 있다면, 바로 그런 자가 이웃을 위하여 자기 목숨을 버리는 것이다."   (포이멘 116)

12 압바 히페레키오스가 말했다. "할 수 있는 한, 그대의 이웃을 책망하지 말고 죄에서 떼어 놓으라. 하나님은 회개하는 자를 버리시지 않는다. 형제에 대해서 악의적인 말이나 독설 섞인 말이 그대의 마음속에 자리 잡지 못하게 하라. '우리가 우리에게 죄 지은 자를 사하여 준 것 같이 우리 죄를 사하여 주옵시고'(마 6:12)라는 기도를 그대가 할 수 있도록 말이다."

(히페레키오스 117-118)

13 한 교부가 말했다. "만약 누군가가 그대에게 무언가를 달라고 억지를 부리면, 성경 말씀대로 그대의 생각만이라도 주는 것에 동의해야 한다. '또 누구든지 너로 억지로 오 리를 가게 하거든 그 사람과 십 리를 동행'(마 5:41)하라고 되어 있기 때문이다. 만일 누군가가 그대에게 어떤 것을 구하면 마음을 다해 그것을 주도록 하라."   (무명모음집 345)

14 한 형제에 대한 이야기이다. 그가 바구니를 만들면서 손잡이를 달고 있을 때, 이웃이 이렇게 말하는 소리를 들었다. "어떻게 하지? 곧 장이 서는데 바구니에 매달 손잡이가 없으니 말이야." 그러자 그 형제는 자기 바구니의 손잡이를 푼 다음, 그걸 갖고 와서 이렇게 말했다. "여기 보십시오. 나한테는 손잡이가 많아요. 이걸 받아 그대의 바구니에 다십시오." 이처럼 그는 형제의 일

을 먼저 생각하고 자신의 일은 내려놓았다. (무명모음집 347)

15 한 형제가 어떤 원로에게 이렇게 물었다. "두 형제가 있습니다. 한 형제는 엿새 동안 수실에서 금식하고 많은 수고를 하며 내적 고요 속에 살았습니다. 다른 형제는 병자를 간호했습니다. 하나님은 이 중 어떤 헌신을 더 받아 주실까요?" 원로가 말했다. "형제가 아무리 엿새 동안 금식하며 정진했어도 병자를 간호했던 형제와는 같아질 수 없다네." (무명모음집 355)

16 어떤 자가 원로에게 이렇게 물었다. "수도적인 삶을 살며 수고하는 이들이 많은데, 어찌하여 옛사람들처럼 은혜를 얻지 못하는 사람이 있는지요?" 원로가 말했다. "그건 사랑 때문이라네. 옛사람들은 자신보다 이웃을 더 높은 곳으로 이끌었네. 그러나 오늘날 사람들은 그 반대지. 그만큼 사랑이 식은 것이야. 바로 이 때문에 우리는 은혜를 받지 못하는 것이네." (무명모음집 349)

17 두 원로가 아무런 다툼 없이 함께 살고 있었다. 첫째 원로가 다른 원로에게 말했다. "우리도 다른 사람처럼 다퉈 보자고." 다른 원로가 그에게 말했다. "어떻게 다툼이 일어나는지 난 모른다네." 첫 번째 원로가 말했다. "보게나. 우리 가운데에 벽돌을 하나 놓겠네. 나는 그것이 내 것이라 할 테니, 그대는 '아닐세. 그건 내 것이네'라고 말하게나. 이렇게 하면 싸움이 시작된다네." 그들은 그처럼 했다. 첫째 원로가 "이건 내 것이야"라고 말했다. 다른 원로가 말했다. "아닐세, 그건 내 것이네." 그런데 첫째 원

로가 말했다. "알았어. 알았다니까. 그걸 갖고 가게나." 그들은 함께 다툴 것을 찾지 못한 채 물러섰다.   (무명모음집 352)

18   한 형제가 어떤 원로에게 이렇게 물었다. "죄를 범했다는 형제를 보면, 내 수실에 들여놓고 싶은 생각이 없습니다. 그러나 나는 선한 형제를 보면 그를 기꺼이 맞아들입니다." 원로가 그에게 말했다. "그대가 선한 형제에게 약간의 선한 행동을 한다면, 죄를 범했다는 형제에게는 선한 행동을 두 배로 더해 주게나. 그가 병든 까닭이네."   (포이멘 70a)

19   한 형제가 어떤 원로에게 이렇게 물었다. "어떻게 해야 하나님을 사랑하는 은사를 얻을 수 있습니까?" 원로가 그에게 대답했다. "태만함에 빠진 형제를 보고 그 형제를 위해 하나님께 도움을 구하는 바로 그때, 그대는 하나님을 사랑하는 방법을 온전히 알게 될 것이네."   (무명모음집 636)

20   한 원로가 말했다. "선한 것 중에 으뜸인 사랑을 얻자. 금식은 아무것도 아니며, 밤샘 기도 또한 아무것도 아니다. 사랑이 없다면 어떤 노고도 소용이 없다. 성경에 쓰여 있는 대로 '하나님은 사랑이시'(요일 4:16)다."

21   교부들이 말했다. "악마는 모든 것을 흉내 낼 수 있다. 악마 자신이 결코 먹지 않기에 금식을 흉내 낼 수 있다. 악마 자신이 결코 자리에 눕지 않기에 밤샘 기도도 흉내 낼 수 있다. 그러나 악

마는 겸손과 사랑을 흉내 낼 수 없다. 그러므로 우리는 우리 속에 사랑을 품고 교만을 미워하도록 부단히 싸워야 한다. 악마는 교만 때문에 하늘에서 추락했다."

22 압바 니케타스는 두 형제가 함께 살려는 목적으로 서로 만나게 되었다고 이야기했다. 한 형제가 스스로에게 말했다. "나는 내 형제가 원하는 것을 할 것이다." 다른 형제도 마찬가지로 생각했다. "나도 내 형제의 뜻에 따라 행해야겠다." 그들은 이처럼 오래 세월을 커다란 사랑 안에서 살았다. 그러나 악마는 그들의 커다란 사랑을 보면서 참지 못하여 그들을 서로 갈라놓고자 하였다. 악마는 가서 수실의 입구에 서서 첫 번째 형제에게 비둘기처럼 나타났고, 다른 형제에게는 까마귀처럼 나타났다. 첫 번째 형제가 다른 형제에게 말했다. "그대는 이 자그마한 비둘기가 보이는가?" 다른 형제가 말했다. "형제여, 이건 까마귀인걸." 그들은 서로 논쟁하고 다투다가 결국 헤어지고 말았는데 악마는 이 일로 무척 기뻐하였다. 사흘 후에 제정신이 들자 그들은 마음을 가다듬고 돌아와서 서로 용서를 구했다. 각자 처음부터 마음속으로 생각했던 바인 '상대방의 뜻대로 행하겠다'는 것을 확인하였다. 그리고 악마가 싸움을 걸어온 것을 알아채고서, 죽을 때까지 커다란 평화 속에서 함께 살았다.   (니케타스 1)

Part 3

순전한 마음으로
헌신한 이들이 맛본
하나님의 신비

Les Apophtegmes des Pères

18

초자연적인
통찰을 행하는
원로들에 대해

사념과 악덕이 정화되고 영적 전투에서 마귀에게 승리를 거두면, 성
령은 인간 영혼을 고양시켜 하나님을 바라보도록 하고 신적 섭리에
따라 다양한 은사를 부어주신다. 믿음과 사랑, 온유와 겸손 등 내적
덕목이 가장 큰 은사이지만, 초자연적 은사도 성령께서 주시는 선물
이다.

1   압바 아르세니오스의 제자가 자신의 이야기를 다른 사람에 빗
대어 말했다. 한 원로가 자신의 수실에 있었는데 어떤 음성이
들려왔다. "와서 보라. 내가 사람들의 행동을 너에게 보여 주겠
다." 그 음성은 그를 어떤 곳으로 데리고 갔는데, 에티오피아 사
람이 나무를 해서 커다란 장작단을 쌓는 모습이었다. 에티오피
아 사람은 쌓은 장작단을 옮기려 했으나 그럴 수가 없었다. 게
다가 장작단을 덜기는커녕 나무를 더 잘라서 장작더미에 보태
는 것이었다. 그는 오랫동안 이렇게 하였다. 조금 더 나아가니
호숫가에 앉아서 물을 긷는 사람이 보였다. 그런데 그는 구멍
뚫린 그릇으로 물을 긷고 있었다. 물은 호수로 도로 쏟아졌다.
그 음성이 그에게 다시금 들려왔다. "와서 보라. 내가 너에게 다
른 것을 보여 주겠다." 그에게 어떤 성소와 말을 탄 두 사람이
보였다. 그들은 들보를 가로로 들었는데, 각각 양 끝을 잡고 있
었다. 그들은 문으로 들어가기 원했으나 그럴 수가 없었다. 들
보가 문에 걸렸기 때문이다. 둘 중 아무도 다른 사람 뒤에 서려
고 하지 않았으므로, 들보를 세로 방향으로 들 수 없었던 것이
다. 그들은 문밖에 머물러야 했다. 그 음성이 또다시 들려왔다.
"이 사람들은 정의의 멍에를 짊어진 자들이다. 그런데 거만하여

자신을 교정하여 그리스도의 겸손한 길로 들어갈 수가 없다. 그래서 하나님 나라 밖에 머물러 있는 것이다. 나무를 베는 자는, 수많은 죄 가운데에 사는 사람이다. 그는 회개는커녕 지은 죄에다 다른 죄를 더 보탠다. 물을 긷는 사람은 분명히 선한 행동을 하는 자이나, 거기에 나쁜 것을 섞으므로 자신의 선한 행업마저 잃어버렸다. 그러므로 사람마다 자신의 행업을 살펴보아 헛되이 수고하지 않도록 해야 한다." (아르세니오스 33)

2 복된 에프렘은 어린아이였을 때 꿈을 꾸거나 환상을 보았다. 자기 혀에서 포도나무 한 그루가 가지를 뻗더니 자라서 하늘 아래에 있는 모든 것을 덮는 것이었다. 이 포도나무는 아주 아름다운 포도열매를 맺었다. 하늘의 모든 새들이 포도열매를 먹으러 왔다. 새들이 포도열매를 먹으면 먹을수록, 포도열매는 더 많아졌다. (에프렘 1)

3 압바 제논에 대한 이야기이다. 그가 스케티스에 살던 어느 날 밤, 늪에 가려고 수실에서 나왔다. 그런데 그만 길을 잃어, 사흘 밤낮을 헤매게 되었다. 그는 곤하고 기진하여 쓰러졌고, 마치 죽은 자와 같았다. 그런데 어린아이가 그 앞에 빵과 물병을 들고 서서 이렇게 말하는 것이었다. "일어나서 잡수세요." 그는 그것이 환영이라고 생각하면서도 기도하려고 일어났다. 그 아이가 말했다. "잘하셨습니다." 그는 두 번째로 기도하고, 또 세 번째로 기도했다. 그 아이가 그에게 말했다. "잘하셨습니다." 그런 다음 그는 일어나서 먹었다. 그 후에 그 아이가 그에게 말했다.

"그대가 걸어온 만큼, 그대는 수실에서 멀어진 것입니다. 일어나서 나를 따라오세요." 그는 즉시로 수실에 있게 되었다. 그리하여 원로는 그 아이에게 말했다. "들어와서 우리를 위해 기도해 주게나." 그런데 원로가 들어가자 그 아이는 보이지 않았다.

(제논 5)

4   스케티스의 거룩한 교부들이 마지막 세대에 대해서 예언했다. "우리 세대가 한 일은 무엇인가?" 그들 중에서 위대한 삶을 사는 이스키리온이라는 한 교부가 대답했다. "우리는 하나님의 계명을 지켰습니다." 원로들이 다시 말했다. "그럼 우리 뒤에 오는 자들은 무얼 할 것인가?" 그가 말했다. "우리가 이룬 행업의 절반에 도달하려고 노력하겠지요." 그들이 말했다. "그렇다면 그들 뒤를 따라오는 자들은 무얼 하게 될 것인가?" 그러자 그가 말했다. "그 세대의 사람들은 아무런 행업도 없을 것입니다. 그들에게는 시험이 올 것입니다. 그런 시험에서 진정한 수도자로 증명된 자들은 우리와 우리의 선조들보다 더 위대할 것입니다."

(이스키리온 1)

5   압바 요안네스의 이야기이다. 한 원로가 황홀경 중에 세 명의 수도자가 바닷가에 있는 것을 보았다고 한다. 그런데 건너편 해변에서 한 음성이 들려왔다. "이 불의 날개를 타고 내게로 오라." 처음 두 수도자는 불의 날개를 타고 건너편 해변으로 날아갔지만, 세 번째 수도자는 그 자리에 남아 고통스럽게 울면서 소리쳤다. 얼마 후에 그에게 날개가 왔지만, 불의 날개가 아니

라 약하고 힘이 없는 날개였다. 때로는 미끄러져 내려가고 때로는 솟아오르면서, 그는 아주 힘들게 건너편 해변에 도달했다. 이 세대도 이와 마찬가지이다. 이 세대가 날개를 받는다 할지라도 불의 날개는 아니다. 이 세대는 약하고 힘이 없는 날개를 겨우 받을 수 있을 뿐이다.   (난쟁이 요안네스 14)

6   압바 롱기노스에 대한 이야기이다. 하루는 어떤 선주(船主)가 그에게 금을 주었다. 그것은 자신의 선단(船團)에서 벌어들인 수입이었다. 그러나 압바 롱기노스는 그것을 받으려 하지 않았다. 그는 이렇게 말했다. "여기에서는 금이 필요 없습니다. 자선을 행하십시오. 말을 타고 재빨리 성 베드로의 계단에[1] 가 보십시오. 거기에 이런저런 식으로 옷을 입은 청년을 보게 될 겁니다. 그에게 이 모든 금을 주고, 그가 소유한 것을 달라고 요구하십시오." 선주는 서둘러 떠났고, 원로가 말한 청년을 발견했다. 그가 청년에게 물었다. "형제여, 그대는 어디로 가는가? 압바 롱기노스가 그대에게 이 금을 주라고 하셨네." 그러자 그 청년은 자신의 불행에 대해 이야기했다. "나는 큰 재물을 잃었습니다. 더 이상 아무것도 남아 있지 않기에, 도시 밖으로 나가 목을 매려고 했습니다. 보시다시피 여기 끈이 있습니다." 그리고 그는 가슴을 열어 끈을 보여 주었다. 선주는 그에게 금을 주었고 도시로 되돌아가도록 했다. 그는 압바 롱기노스의 집으로 돌아와서 그에게 이 일을 이야기했다. 원로가 그에게 말했다. "형제여, 내

---

1. '성 베드로의 계단'은 성 베드로 교회의 입구를 의미한다.

말을 들어 보시오. 그대가 서둘러 그를 따라잡지 않았더라면, 나와 그대는 그의 영혼에 대해 심판받을 뻔했소이다."

(시내사본 709)

7   페트라의 압바인 모세가 어느 날 부정(不貞)의 마귀와 심하게 싸웠다. 그는 더 이상 수실에 머물 수 없었기에 압바 이시도로스에게 가서 그것을 알렸다. 원로는 그에게 독방으로 돌아가라고 했지만, 압바 모세는 결코 동의하지 않고 이렇게 말했다. "사부님, 내게 힘이 없습니다." 그러자 원로는 그를 데리고 동산으로 가서 그에게 말했다. "서쪽을 보시오." 그가 바라보자 한 무리의 마귀들이 싸울 준비를 하며 요동치고 있었다. 그다음에 압바 이시도로스가 그에게 말했다. "동쪽도 보시오." 그가 바라보자 수많은 천사의 무리가 영광의 빛을 발하고 있었다. 압바 이시도로스가 말했다. "그대는 보았다네. 이 천사들은 성도를 도와주기 위해 하나님께서 보내신 천사들이라네. 서쪽에 있는 무리는 천사들을 대적하여 싸우는 마귀들이지. 우리와 함께한 천사가 저 마귀들보다 많다네." 압바 모세는 하나님께 감사를 드리며, 이처럼 용기를 얻고 자신의 수실로 다시 돌아왔다.   (모세 1)

8   압바 모세가 스케티스에서 이렇게 말하곤 했다. "우리가 교부들의 계명을 지키면, 내가 하나님의 이름을 걸고 보증하건대 야만인들이 여기에 오지 못할 것이다. 그러나 우리가 하나님의 계명을 지키지 않으면, 이곳은 황폐해질 것이다." 한번은 형제들이 그의 곁에 앉아 있을 때에 그가 말했다. "보시게. 오늘 야만인들

이 스케티스에 온다네. 어서 일어나서 피하게." 그들이 그에게
말했다. "사부님, 그럼, 사부님께서는 피하지 않으시는지요?" 그
가 그들에게 말했다. "나는 오랫동안 이날을 기다리며 나의 주
님이신 그리스도의 말씀이 이루어지기를 원했다네. 그리스도께
서는 '칼을 가지는 자는 다 칼로 망하느니라'(마 26:52)고 말씀하
셨지." 그들이 그에게 말했다. "우리도 도망가지 않겠습니다. 우
리도 사부님과 함께 죽겠습니다." 그가 그들에게 말했다. "그건
내 일이 아닐세. 각자가 어떻게 할 것인지는 각자 결정하게나."
그와 함께 일곱 명의 형제들이 남자 그가 그들에게 말했다. "야
만인들이 문에 이르렀다네." 야만인들이 들어와서 그들을 가혹
하게 마구 죽였다. 그들 중의 한 명이 두려워 빨마 줄 더미 뒤에
숨었는데, 일곱 개의 금 면류관이 내려와 죽음 당한 그들의 머
리에 놓이는 것을 보았다. (모세 9-10)

9   교부들이 테베 사람 압바 마르켈로스에 대해 이야기했다. 그의
제자는 한 가지 습관이 있었는데 일요일 공동기도에 가려고 준
비할 때부터 교회에 도착할 때까지 성경 구절을 암송하는 것이
었다. 그는 묵상할 때에 아무도 듣지 않게 하려고 입술을 움직
이지 않았다. 그가 교회에 도착할 즈음, 그의 가슴은 언제나 눈
물로 젖어 있었다. 그는 이렇게 말하곤 했다. "공동기도가 끝날
무렵, 나는 교회 전체가 타오르는 불이 된 것을 보았다. 그리고
교회가 흩어지면, 이번에는 불도 물러갔다." (무명모음집 567)

10   압바 실바노스가 한번은 시리아에 가려 했다. 그의 제자인 마르

코스가 그에게 말했다. "사부님, 저는 지금 여기를 떠나고 싶지 않습니다. 그렇다고 사부님이 떠나시는 것은 더욱더 원치 않습니다. 여기에 사흘만 더 머물러 주십시오." 그런데 사흘째 되던 날 그는 평화 속에서 잠들었다. (실바노스의 마르코스 5)

11   압바 요안네스는 마르키아노스에 의해 유배되었다. 압바 요안네스가 이렇게 말했다. "우리가 어느 날 시리아에서 압바 포이멘에게 가서 마음의 완고함에 대해 물어보고자 했다. 원로는 그리스어를 알지 못했는데 우리는 통역할 사람을 찾지 못했다. 원로는 우리가 곤란해 하는 것을 보더니, 그리스어로 이렇게 말하기 시작했다. '물의 본성은 부드럽고 돌의 본성은 단단하지요. 그러나 물병에서 방울방울 물이 떨어지면 돌이 파이게 되는 법입니다. 마찬가지로 하나님의 말씀은 부드럽고 우리의 마음은 단단하지만, 사람이 하나님의 말씀을 자주 듣는다면, 그의 마음이 하나님에 대한 두려움으로 열리게 되지요.'" (포이멘 183)

12   한 형제가 압바 포이멘에게 이렇게 물었다. "'악으로 악을 갚지 말라'(살전 5:15)는 말씀은 무슨 뜻인지요?" 압바 포이멘이 그에게 말했다. "이런 동요는 네 가지 모양을 갖고 있습니다. 먼저 그것은 마음에서 나옵니다. 두 번째는 눈에서, 세 번째는 혀에서 나오고, 네 번째는 악을 악으로 되갚기 위해 행동하는 것에서 오게 됩니다. 만약 그대가 마음을 깨끗하게 할 수 있다면, 그런 동요가 눈에서 나타나지 않을 것입니다. 만약 그런 동요가 눈에 나타난다 할지라도, 말하는 것을 삼가십시오. 만약 그대가 말을

해 버렸다면, 악을 악으로 되갚는 행동을 속히 끊으십시오."

13   거룩한 감독 바실리오스가 이야기했다.[2] 여자들의 수도원에 미
친 체하며 마귀에 사로잡힌 듯 행동을 하는 동정녀가 있었다.
수도원의 다른 모든 동정녀들은 그녀가 미쳤다고 생각했으므
로, 그녀와 함께 음식조차 먹고 싶어 하지 않았다. 그녀는 부엌
을 멀리하는 법이 없었고 온갖 궂은일을 도맡아 했다. 통속적
인 속담을 따르면 그녀는 온 집안의 행주였다. 그녀는 '아무도
자신을 속이지 말라 너희 중에 누구든지 이 세상에서 지혜 있는
줄로 생각하거든 어리석은 자가 되라 그리하여야 지혜로운 자
가 되리라'(고전 3:18)는 기록된 말씀을 행하는 자였다. 그녀는 머
리에 누더기를 뒤집어쓰고서 이런 일을 했다. 다른 동정녀들은
모자로 삭발한 머리를 가리고 있었다. 사백 명의 동정녀 중 어
느 누구도 그녀가 먹는 모습을 본 적이 없다. 그녀는 지금까지
식탁에 앉지도 않았고, 오직 조그만 빵 조각을 제외하고는 어느
누구에게도 아무것도 받지 않았다. 그럼에도 그녀는 식탁의 음
식 찌꺼기를 닦고 그릇을 씻으면서, 이런 음식으로 사는 것만으
로 만족했다. 그녀는 어느 누구에게 해를 가하는 법이 없었고,
어느 누구도 그녀가 불평하는 것을 들어 보지 못했다. 그녀는
아무에게도 작은 소리로조차 말하는 법도 없었다. 그녀는 모든

---

2. 팔라디오스, 《라우수스 이야기》 34장에 나오는 이야기로 파코미오스의 여자 수도원과 관
계가 있으며 바실리오스와는 아무런 관련이 없다. 남성현, 《기독교 초기 수도원 운동사》
엠-애드, 2006, pp. 79-80을 참고하라.

자들에게 천대를 받았고 모든 자들의 증오의 먹이가 되어 살았으며 그들의 고약한 말을 참았다. 어느 날 주님의 천사가 피오테리오스라고 불리는 거룩한 사람에게 나타났다. 이 사람은 널리 인정받던 자로 언제나 사막에 살았다. 그는 이 당시에 포르피리스 산에 거주하고 있었는데, 천사가 그에게 말했다. "어찌하여 그대는 자신이 위대하다고 믿는가? 그대가 이곳에서 거룩하게 산다고 해서 그렇게 생각하는가? 그대는 그대보다 더 거룩한 여인을 보고자 하는가? 타벤네시스 여자들의 수도원으로 가라. 거기에서 그대는 머리에 띠를 두른 어떤 여인을 만날 것이다. 그대보다 그녀가 우월하다는 것을 알라. 그녀가 아주 많은 무리에 대항해서 밤낮으로 홀로 싸우고 있지만, 그녀의 마음은 하나님에게서 결코 멀리 떨어져 있지 않네. 그러나 그대는 오직 한 곳에서 살면서도, 마음과 생각으로 모든 도시를 배회하지."

그는 즉시로, 그 수도원으로 갔다. 그리고는 형제들을 가르치는 자들에게 여자들의 거처로 자기를 들여보내 달라고 요청하였다. 동정녀들은 그를 전적으로 신뢰하며 그곳으로 들여보내 주었다. 그는 명망이 있을 뿐 아니라 나이도 지긋했기 때문이었다. 수도원에 들어간 그는 모든 동정녀들을 만나고 싶어 했다. 그런데 그가 동정녀들 중에서 찾고자 하는 그 여자를 찾지 못했기 때문에, 끝내 이렇게 말했다. "모든 동정녀들을 내게 데려오시오. 다 오지 않은 것처럼 보입니다." 여자들이 그에게 말했다. "저 부엌 안쪽에 어리석은 여자가 한 명 있기는 합니다." 사람들은 마귀에 사로잡힌 여자들을 그런 식으로 불렀다. 그가 말했다. "내게 그녀를 데려고 오시오. 그녀를 보고자 합니다." 이 말을 들은 여자들은 문제의 동정녀를 부르기 시작했다. 그녀는 무언가를 느끼고 있었는지 아마도 계시로 알고 있었던 것처럼, 아무것도 들으려 하지 않았다. 그리하여 여자들이 그녀에게 "덕망이 높고 그 이름이 널리 알려진 자, 거룩한 피오테리오스가 너를 보고자 한다"라고 말했다.

그녀가 나타나자, 그는 넝마조각으로 이마를 두른 그녀의 모습을 보고는, 그녀의 발치에 몸을 구푸리며 이렇게 말했다. "나를 축복해 주십시오." 그러자 이번에는 그녀가 그의 발치에 몸을 구푸리며 "사부님, 내가 당신께 축복받아야 합니다"라고 말했다. 모든 동정녀들이 아연실색하여 이렇게 말하였다. "사부님, 이런 모욕을 참지 마세요. 미친 여자가 사부님의 눈앞에 있으니까요." 그러나 거룩한 피오테리오스는 모두에게 이렇게 말했다. "미친 것은 그대들입니다. 그녀는 그대들의 암마요, 나의 암마이기도 합니다. - 그들은 영적인 여인들을 '암마'라고 불렀다. - 나는 심판 날에 그녀의 분량에 이르기를 하나님께 간청합니다." 그녀들은 이 말을 듣고 모두 함께 그녀의 발치에 구푸렸다. 그리고는 각자 자신이 지은 여러 죄를 그녀에게 고백하였다. 한 여자는 설거지를 하면서 구정물 한 사발을 그녀에게 부었다고 말했다. 어떤 여자는 그녀의 따귀를 자주 때렸다는 것을 기억해 냈고, 어떤 여자는 그녀의 코에 겨자를 발라 놓았다고도 했다. 모든 여자들이 여러 방법으로 그녀에게 죄지은 것을 참회하였다. 그 거룩한 피오테리오스는 모든 여자들을 위해 하나님께 기도한 후에 물러갔다. 그런데 그녀는 그런 영광을 견디지 못했고, 다른 자매들의 찬사를 거절하였다. 그녀는 결국 며칠 후 몰래 수도원을 떠나 버렸다. 그녀가 어디로 갔는지, 어떤 장소에서 어떻게 자신의 삶을 마쳤는지는, 아무도 알지 못했다.

14   압바 파코미오스에 대한 이야기이다. 그가 길을 가다가 시체를 나르는 사람들과 마주쳤다. 그런데 그는 상여 뒤에서 두 천사가 죽은 자를 따라가는 것을 보았다. 이것에 대해 곰곰이 생각하면서 그는 그것이 무엇인지 보여 달라고 하나님께 간청했다. 두 천사가 그에게 다가왔으므로 그가 그들에게 말했다. "어찌하여 천사인 당신들이 죽은 자를 따라가는 것입니까?" 천사가 그들에게 말했다. "우리 중 하나는 수요일의 천사이고, 다른 하나는 금요일의 천사입니다. 이 영혼은 죽을 때까지 수요일과 금요일에 금식하기를 그치지 않았으므로, 행렬에 들어가 그의 몸을 따라가는 것입니다. 죽을 때까지 이 영혼이 금식을 지켰으므로, 우리는 주님 안에서 싸운 이 영혼을 영광스럽게 한 것입니다."

15   거룩한 신클레티케가 말했다. "너희는 뱀 같이 지혜롭고 비둘기 같이 순결하라'(마 10:16). 마귀의 함정에 맞서기 위해 슬기롭게 생각을 다스리자. 뱀처럼 된다는 것은 마귀의 공격과 간계를 안다는 것이다. 비슷한 것은 비슷한 것을 재빨리 알아차린다. 그리고 비둘기의 순결함은 행동의 깨끗함을 의미한다."

(신클레티케 18)

16   한 교부가 말했다. 어느 날 교부들이 앉아서 교훈적인 것을 말하였다. 그들 중의 한 사람이 투시의 은사를 갖고 있었는데, 천

217

사들이 교부들을 칭찬하고 찬양해 주는 것을 보았다. 그런데 교부들이 다른 것에 대해서 이야기하자, 천사들이 물러가고 그들 가운데에 악취 나는 돼지들이 뒹굴었다. 그들이 다시금 유익한 것을 말하자, 천사들이 돌아와서 그들을 칭찬하는 것이었다. (무명모음집 359)

17 한 원로가 자문자답했다. "두로의 두세 가지 죄는 내가 넘어 가겠지만, 네 번째 죄는 내가 그 벌을 돌이키지 아니하리니"[3] 라는 성경 말씀은 무슨 의미인가? 처음 세 가지 죄는 악한 것을 생각하고, 악에 동의하고, 악한 것을 말하는 것이다. 그러나 네 번째는 악한 것을 실제로 행하는 것이다." (무명모음집 360)

18 스케티스에 있던 위대한 원로에 대한 이야기이다. 형제들이 수실을 지을 때마다, 그는 기쁨으로 그곳에 가서 기초를 놓곤 했으며, 수실을 다 세우기까지 떠나지 않았다. 그런데 한번은 그가 수실을 지으러 가서 아주 슬픈 표정을 하고 있었다. 형제들이 그에게 물었다. "사부님, 왜 슬프고 걱정스러운 표정을 짓고 계십니까?" 그가 말했다. "내 아이들아, 이곳이 황폐해질 것이네. 내가 보니 스케티스에 불이 나서 형제들이 빨마 가지로 불을 껐다네. 그러나 재차 불이 붙었고 형제들이 또다시 빨마 가지로 불을 껐다네. 그런데 세 번째로 불이 붙더니 스케티스 전체에 번졌다네. 그 불을 더 이상 끌 수 없었지. 이 때문에 나는

---

3. 아모스 1장 9절. 70인역 본문을 따른 것으로 한글 성경과는 약간의 차이가 있다.

슬프고 괴롭다네."   (무명모음집 361)

19 한 교부가 이야기했다. 성직자들이 스케티스에서 성찬을 바칠 때 성찬 위에 독수리가 내려오곤 했다. 그런데 성직자들을 제외하고는 아무도 그것을 보지 못했다. 그런데 어느 날 한 형제가 부제에게 무언가를 물었다. 그 부제는 이렇게 말했다. "지금 나는 시간이 없네." 그런데 성직자들이 성찬을 드리러 갔을 때에 독수리같이 생긴 것이 여느 때처럼 내려오지 않는 것이었다. 부제가 사제에게 말했다. "독수리가 여느 때처럼 내려오지 않는 것은 무슨 이유인지요?" 사제가 부제에게 말했다. "내가 잘못을 저지른 까닭인가? 아니면 자네가 잘못을 저지른 까닭인가? 그대가 잠시 물러나 보게. 만일 독수리가 내려오면, 그대 때문에 내려오지 않은 거겠지. 그렇지 않으면 나 때문이란 것이 명백해지네." 그리하여 그 부제가 물러갔는데 독수리가 즉시로 내려오는 것이었다. 공동기도가 끝난 후에 사제가 부제에게 말했다. "그대가 성찬을 바치기 전에 무엇을 행했는지 말해 보게." 그가 터놓고 말했다. "내가 죄를 범했는지는 잘 모르겠습니다. 한 형제가 내게 무언가를 물어보았는데, 시간이 없다고 대답한 것이 전부입니다." 사제가 말했다. "그렇다면 그대 때문에 독수리가 내려오지 않았던 게야. 분명히 그대가 형제에게 고통을 주었기 때문일 걸세." 그리하여 부제는 형제에게 용서를 구하러 갔다.

(무명모음집 68)

20 한 원로가 말했다. "'의인은 종려나무처럼 우거지고, 레바논의

백향목처럼 높이 치솟을 것이다'(시 92:12)라는 말은 의인의 선행이 높고 바르고 부드럽다는 뜻이다. 게다가 빨마 나무는 하얀색의 심이 하나만 있고, 모든 활동이 그곳에서 이루어진다. 의인에게서도 같은 원리를 찾게 된다. 의인의 마음은 한결같으며 순수하고 하나님만을 향해 바라본다. 의인의 마음은 믿음의 빛을 받아 하얗게 빛난다. 의인의 모든 활동은 그의 마음에 있는바, 마귀의 공격에서 자신을 보호하기 위해 날카로운 창들로 솟아있다.   (무명모음집 362)

21   한 원로가 말했다. "수넴 여인이 엘리사를 맞아들인 것은 그녀가 아무와도 교제하지 않았던 까닭이다(왕하 4:8-37). 수넴 여인은 영혼을 상징하고 엘리사는 거룩한 영을 상징한다. 영혼이 이 세상의 무질서와 동요에서 물러나는 그 순간에, 하나님의 영이 영혼 안에 다가온다. 바로 그때가 되면, 불모지였던 영혼이 열매를 낼 수 있게 된다.   (무명모음집 363)

22   다른 교부가 말했다. "돼지의 눈은 본래부터 하늘을 높이 바라보지 못하고, 땅을 내려다보도록 만들어졌다. 쾌락에 빠져든 자들의 영혼도 이와 마찬가지이다. 일단 그 영혼이 쾌락의 진창에 미끄러져 들어가면, 하나님을 향하는 것이나 하나님께 합당한 것을 하려고 염려하는 것이 몹시 어려워진다."   (무명모음집 364)

23   다른 원로가 또 말했다. "부제가 '서로서로 안아 주십시오'라고 자주 말할 때마다, 나는 성령이 형제들의 입에 머무는 것을 보

았다."   (무명모음집 87)

24 한 원로에게 빛이 비쳐 일어나는 일을 볼 수 있게 되었다. 그가
    말했다. "어느 날 나는 공주수도원의 수실에서 말씀을 묵상하
    는 형제를 보았다. 그런데 마귀가 오더니 수실 바깥에 서 있는
    것이었다. 그 형제가 묵상하는 동안에는 마귀가 들어갈 수 없었
    다. 그러나 그가 묵상을 중단하자, 비로소 마귀가 수실에 들어
    갔다."   (무명모음집 366)

25 한 원로가 마귀들을 보여 달라고 하나님께 간구했더니 이런 계
    시가 왔다고 한다. "너는 마귀들을 볼 필요가 없다." 그러나 원
    로는 하나님께 이렇게 간청했다. "주님, 당신은 당신의 은혜로
    나를 보호하실 수 있습니다." 그러자 하나님께서 그의 눈을 열
    어 주셨다. 그는 마귀들이 이빨을 드러내고 으르렁거리며 벌처
    럼 사람 둘레를 도는 것을 보았다. 그러나 곧 하나님의 천사가
    마귀들에게 덤벼들었다.   (무명모음집 369)

26 한 원로가 두 형제와 이웃하여 살았다. 한 사람은 외지인이고
    다른 한 사람은 토착민이었다. 외지인은 약간 태만하였고 토착
    민은 아주 열심이었다. 원로는 꿰뚫어 보는 자였는데, 외지인이
    죽게 되자 수많은 천사들이 그의 영혼을 인도하는 것이었다. 그
    의 영혼이 하늘에 들어갈 무렵 조사를 받게 되었다. 저 높은 곳
    에서 한 음성이 들려왔다. "그가 좀 태만했던 것은 분명하지만,
    고향을 떠나 먼 곳에 와서 살았으니 그에게 문을 열어 주라." 그

221

다음에 토착민도 죽게 되었는데, 그의 모든 친척이 왔다. 그런데 원로는 어느 곳에도 천사가 없는 것을 보고 매우 놀랐다. 그는 땅에 얼굴을 대고 엎드려 하나님께 이렇게 아뢰었다. "외지인은 태만하였지만 그런 영광을 받았습니다. 그런데 열심이었던 이 형제는 어찌하여 그런 영광을 얻지 못한 것입니까?" 한 음성이 그에게 들려왔다. "이 토착민 수도자는 죽을 무렵 눈을 열어 가족이 눈물 흘리는 것을 보았다. 그의 영혼은 위로받았다. 반면 외지인은 태만했지만 가족 중의 어느 누구도 보지 못했다. 그가 괴로워하고 울었으니 하나님께서 그를 위로해 주신 것이다."

(무명모음집 367)

27 한 교부는 수도자가 두려움과 떨림과 영적 기쁨으로 추구해야 할 세 가지 귀중한 것이 있다고 했다. 거룩한 신비의 교통과 형제들의 식탁과 형제들의 발을 씻기는 것이다. 그러면서 그는 이런 예를 들었다. 비상한 영안을 지닌 원로가 몇몇 형제들과 함께 식사하게 되었다. 원로는 식탁에 앉은 그들을 주의 깊게 보았는데, 어떤 자는 꿀을, 어떤 자는 빵을, 그리고 어떤 자는 거름을 먹는 것이었다. 놀란 그가 하나님께 여쭈었다. '주님, 이 신비가 무엇인지요. 모든 자에게 같은 음식을 놓았는데, 어찌하여 그들마다 먹는 게 다릅니까?' 높은 데서 한 음성이 그에게 들려왔다. "식탁에 앉아 꿀을 먹는 사람은 두려움과 떨림과 영적인 기쁨으로 끊임없이 기도하며 먹는 사람이다. 그들의 기도는 향처럼 하나님께로 올라간다. 빵을 먹는 자들은 하나님의 선물에 감사하는 자들이다. 거름을 먹는 자들은 불평하면서 이것은

맛있고 저것은 맛없다고 말하는 자들이다. 너는 그런 것을 생각하지 말며, 오히려 하나님께 감사하며 전능하신 분을 찬양하라. '먹든지 마시든지 무엇을 하든지 다 하나님의 영광을 위하여 하라'(고전 10:31)는 말씀이 이루어지도록 하기 위해서다."

(무명모음집 85)

28   원로들은 이웃의 처지가 어떠하든 그것을 자신의 것으로 삼아야 한다고 말했다. 다시 말해 자기 몸으로 이웃을 짊어지되 사람 전체를 짊어지고, 그와 함께 느끼고, 모든 것을 기뻐하며 그와 함께 울어야 한다고 했다. 마치 한 몸과 한 얼굴과 한 영혼을 갖는 것 같은 태도를 가져야 하며, 이웃에게 고난이 찾아올 때 자신이 고난 받는 것처럼 해야 한다는 것이다. 성경에 이렇게 기록되었다. "우리 많은 사람이 그리스도 안에서 한 몸이 되어 서로 지체가 되었느니라"(롬 12:5). "믿는 무리가 한마음과 한 뜻이 되어 모든 물건을 서로 통용하고 자기 재물을 조금이라도 자기 것이라 하는 이가 하나도 없더라"(행 4:32). 거룩한 입맞춤이란 바로 이런 것을 뜻한다.

(무명모음집 389)

29   한 원로가 초자연적 통찰을 가진 수도자에 대해서 이야기했다. "그는 자신이 만든 물건을 팔러 도시로 갔다가, 우연히 어떤 부잣집의 문에 이르렀다. 그런데 부자가 죽어 가고 있었다. 그가 앉아 있었는데, 주의를 둘러보니 검은 말들과 검은색 옷을 입은 기사들이 보였다. 그 기사들은 아주 무서웠으며 불타는 방망이를 들고 있었다. 병자가 그들을 보더니 큰 목소리로 이렇게 외

쳤다. '주님, 나를 도와주십시오.' 보냄 받은 자들이 그에게 말했다. '지금은 해가 기우는데, 어찌하여 하나님을 기억하려고 하느냐? 너는 어찌하여 날이 밝았을 때 하나님을 찾지 않았느냐? 지금부터 너에게는 더 이상의 희망도 없고 더 이상 기도할 시간도 없다.' 이렇게 하여 그들은 그를 사로잡아 떠나는 것이었다."

(무명모음집 492)

30   포르피리테스 산에 살던 한 위대한 원로에 대한 이야기이다. 그가 눈을 들어 하늘을 보면 하늘에 있는 모든 것을 보곤 했다고 한다. 그가 눈을 땅에 고정하면 깊은 구렁텅이와 그 속에 있는 모든 것을 보곤 했다고 한다.

(무명모음집 371)

19

기적을 행하는
원로들에 대해

건강한 눈에 보는 능력이 있듯, 정화된 영혼 속에 성령께서 내주하신
다. 하나님께서는 정화된 영혼의 기도를 듣고 성령을 통해 예언이나
치유, 어떤 기적들을 합당한 만큼 허락하신다..

1   압바 베사리온의 제자인 압바 둘라스가 말했다. "어느 날 압바 베사리온과 바닷가를 걷다가, 목이 말라서 스승에게 말했다. '목이 마릅니다.' 원로가 기도를 하더니 내게 말했다. '바닷물을 마시게.' 그분의 말대로 바닷물을 마시니 짜고 쓴 기운은 없어지고 부드러웠다. 나는 나중에 목이 마를까봐 가죽 부대에 물을 채워 넣었다. 그것을 본 원로가 내게 말했다. '하나님은 여기뿐 아니라 어디에나 계신다네.'"

(베사리온 1)

2   또 한 번은 다른 원로에게 가는 중이었는데 해가 지고 있었다. 원로는 이렇게 기도했다. "주님, 간청하오니 당신 종의 집에 도착할 때까지 태양을 멈추어 주십시오." 그리고 그렇게 되었다.

(베사리온 3)

3   어느 날 마귀에게 사로잡힌 자가 스케티스에 왔다. 사람들이 그를 놓고 교회에서 기도했지만 고집이 센 마귀인지라 쉽게 나가지 않았다. 성직자들이 이렇게 말했다. "이 마귀를 쫓아내려면 어떻게 해야 할까? 압바 베사리온 외에는 어느 누구도 이 일을 할 수 없다. 하지만 우리가 그에게 요청해도 그는 오지 않을 것

이다. 그럼 이렇게 하자. 그가 동틀 때 모든 사람보다 먼저 교회에 오니까, 마귀에 사로잡힌 자를 그의 자리에 앉히자. 그리고 압바 베사리온이 오면, 그에게 이렇게 말하자. '사부님, 이 형제를 치료해 주십시오.'" 동틀 무렵 원로가 왔다. 그들은 서서 기도하기 시작했으며 그에게 말했다. "사부님, 이 형제를 치료해 주십시오." 원로가 그에게 말했다. "일어나라. 나가라." 마귀는 즉시로 그 형제에게서 떠났고 그는 나음을 얻었다.　　　(베사리온 5)

4　병에 걸린 한 여인이 사람들이 압바 롱기노스에 대해 말하는 것을 듣고, 그를 만나고자 했다. 그런데 그는 알렉산드리아의 서쪽 아홉 번째 구역에 살고 있었다. 여인이 그를 찾았는데, 그 복된 분은 바닷가에서 나무를 줍고 있었다. 여인이 그에게 물었다. "사부님, 하나님의 종 압바 롱기노스가 여기 어디쯤 사십니까?" 그녀는 그가 압바 롱기노스인줄 몰랐다. "그 사기꾼을 왜 찾으시는 거요? 그 사람한테 가지 마시오. 그는 사기꾼이오." 여자는 그에게 자기의 병을 보여 주었다. 그러자 원로가 상처 위에 십자가 표시를 하고 그를 돌려보내면서 이렇게 말했다. "가시오. 주님께서 그대를 고쳐 주실 것이오. 롱기노스는 그대에게 아무짝에도 쓸모없는 사람이오." 그 여자는 이 말을 믿고 떠났고, 즉시로 치료되었다. 그녀는 이것을 다른 사람들에게 말하고, 그 원로가 해줬던 표시 또한 알려 주었다. 그녀는 그때서야 비로소 그가 압바 롱기노스라는 것을 알게 되었다.　　　(롱기노스 3)

5　또 한 번은 손이 심하게 병든 여자가 다른 여자와 함께 북쪽 문

옆에 있던 그의 수실을 찾았다. 하지만 그는 이렇게 말하며 그녀를 혼내었다. "여자여, 물러가시오." 그러나 그녀는 그를 두려워한 까닭에 아무 말 없이 그를 바라보고 있었다. 그는 상황을 이해했고, 그녀가 병에 걸려 있음을 확신했다. 그리고는 일어나서 그녀를 문밖으로 내보내며 이렇게 말하는 것이었다. "물러가시오. 당신에게는 아무런 병이 없소이다." 바로 그 시각에 그녀는 나음을 입었다.

6 또 다른 때에 어떤 자가 그에게 가서, 그의 외투를 집어 들고 한 병자에게 갔다. 그가 들어가려고 하자, 환자가 소리쳤다. "너는 왜 여기에 압바 롱기노스를 데리고 왔는가? 나를 쫓아내기 위해서인가?" 바로 그 시각에 마귀는 그를 떠났다.

7 이집트의 어떤 사람에게 몸이 마비된 아들이 있었다. 그는 자기 아들을 압바 마카리오스의 수실로 데려왔다. 그는 압바 마카리오스의 수실 문에다 우는 아이를 내려놓고 멀리 떠났다. 원로가 몸을 굽혀 살펴보니 한 아이가 있었다. 원로가 그에게 말했다. "누가 너를 여기로 데려왔느냐?" 아이가 말했다. "나의 아버지가 나를 버린 채 떠났습니다." 그 원로가 그에게 말했다. "일어나라. 그리고 네 아버지를 따라가라." 그는 즉시로 고침을 받아 일어났고, 아버지를 곧 따라잡았다. 그들은 함께 집으로 되돌아갔다.   (마카리오스 15)

8 압바 시소에스가 말했다. "내가 압바 마카리오스와 함께 스케티

228

스에 있을 때, 나는 그와 함께 추수하려고 올라갔다. 그런데 우리 뒤에서 이삭을 주우며 쉬지 않고 우는 한 과부가 있었다. 원로가 그 밭의 주인을 불러 말했다. '그런데 이 나이 든 여인은 왜 여기에서 줄곧 우는 것입니까?' 그가 원로에게 말했다. '여인의 남편이 누군가가 맡긴 위탁물을 갖고 있었습니다. 그런데 그가 위탁물을 어디에 두었는지 말하지도 못한 채 갑자기 죽고 말았습니다. 이 일로 위탁물의 주인이 그녀와 아이들을 노예로 삼으려고 하기 때문입니다.' 원로가 그에게 말했다. '그 여인에게 우리 쪽으로 오라고 하시오. 우리가 저기에서 무더위를 잠깐 피할 것이오.' 그녀가 오자 원로는 그녀에게 말했다. '오시오. 남편의 무덤이 어딘지 보여 주시오.' 그는 형제들을 데리고 그녀와 함께 떠났다. 그들이 그 장소에 이르자 원로가 그 여인에게 말했다. '이제 그대 집으로 물러가 있으시오.' 우리가 그 장소에서 기도할 때에, 원로는 죽은 자를 불러서 이렇게 말했다. '아무개여, 그대는 타인의 위탁물을 어디에다 두었소?' 그가 대답했다. '집의 침대 아래에 감추어 놓았습니다.' 원로가 그에게 말했다. '부활의 날까지 다시 잠드시오.' 이것을 보고 형제들은 그의 발아래 엎드렸다. 원로가 그들에게 말했다. '나는 아무것도 아닐세. 하나님께서 과부와 그녀의 자녀들 때문에 이런 일을 하신 것이지. 그 과부가 구하는 것을 이제 받게 되었네.' 원로는 가서 위탁물이 어디 있는지 과부에게 말했다. 그녀는 그것을 찾아 주인에게 돌려주었으며, 그 주인은 그녀의 아이들을 풀어 주었다. 이 소식을 들은 사람들은 하나님께 영광을 돌렸다." (마카리오스 7)

9   압바 밀레스가 어떤 곳을 지나가다가, 한 수도자가 살인죄로 체포된 것을 보게 되었다. 원로는 그가 누명을 쓴 것을 알아보고 그를 체포했던 자들에게 말했다. "죽은 자는 어디 있습니까?" 그들은 그에게 죽은 자를 보여 주었다. 그는 죽은 자에게 다가가면서 모든 사람에게 기도하라고 말하였다. 그가 하나님을 향해 손을 내밀자, 죽은 자가 일어났다. 그는 모든 사람 앞에서 그 자에게 말했다. "누가 당신을 죽였는지 우리에게 말해 보시오." 그가 말했다. "제가 교회에 들어가면서 사제에게 돈을 주었습니다. 그런데 그가 일어나더니 나를 목 졸라 살해했습니다. 그리고는 압바의 그 수도원에다가 던졌습니다. 제발 그에게서 다시 돈을 가져다가 내 아들에게 주십시오." 그러자 원로가 그에게 말했다. "가서 주님께서 그대를 깨울 때까지 잠드시오." 그는 즉시로 다시 잠들었다.   (밀레스 1)

10   어느 날 많은 원로들이 압바 포이멘에게 왔다. 그런데 압바 포이멘의 친척으로 세상에 사는 어떤 사람에게 한 아이가 있었다. 그 아이의 얼굴은 사악한 힘에 의하여 뒤로 틀어져 있었다. 그의 아버지는 많은 원로들을 보면서 아이를 데려왔고, 수도원 밖에 울며 앉았다. 한 원로가 나가다가 그를 보고 말했다. "왜 거기서 울고 계십니까?" 그가 말했다. "나는 압바 포이멘의 친척입니다. 내 아들에게 갑자기 시련이 닥쳐왔습니다. 보십시오. 우리는 원로에게 그를 데려왔습니다. 그러나 원로께서 우리를 만나 주지 않을까봐 걱정이 됩니다. 그분이 내가 여기에 있는 걸 알게 된다면, 사람을 보내어 나를 쫓아낼 겁니다. 그러니 사부

님, 할 수만 있으시면 나를 불쌍히 여겨 주십시오. 내 아이를 안으로 데리고 들어가서 그를 위해 기도해 주세요." 그 원로는 그 아이를 데리고 들어가서 선한 마음으로 행했다. 그가 아이를 데리고 들어갈 때에 압바 포이멘에게는 즉시로 말하지 않았다. 오히려 더 작은 형제들에게서 시작하여 그는 이렇게 말했다. "이 아이 위에 십자가 표시를 해 주게." 그는 모든 형제들이 돌아가면서 십자가 표시를 하게 한 후에, 마지막에 이르러 압바 포이멘에게 아이를 데려왔다. 그러나 그는 아이에게 표시하기를 원치 않았다. 다른 사람들이 이렇게 간청했다. "사부님, 사부님도 다른 모든 사람처럼 하셔야죠." 그러자 그는 일어나서 괴로워하면서 기도했다. "하나님, 당신의 피조물을 치유하여 주십시오. 그가 원수에게 더 이상 지배받지 않도록 하여 주십시오." 그리고 그는 아이에게 십자가 표시를 하여 고쳐 주었다. 그러자 아이는 나았고 온전한 모습으로 아버지에게 인도되었다. (포이멘 7)

11 한 세상 사람이 어느 날 아들과 함께 압바 안토니오스의 산에 있는 압바 시소에스에게 갔다. 그런데 그의 아들이 가는 중에 죽고 말았다. 그는 동요하지 않고 믿음을 가지고 죽은 아들을 원로에게 데려갔다. 그리고 원로에게 축복을 받으려고 엎드리듯이 아들과 함께 엎드렸다. 그런 후에 그는 다시 일어나서 그의 아들을 원로의 발치에 두고 수실을 떠났다. 그런데 원로는 아이가 엎드려 있다고 생각하고 그에게 말했다. "아이야, 일어나서 밖으로 나가거라." 원로는 그가 죽었다는 것을 알지 못했던 것이다. 아이는 즉시로 일어나서 나갔다. 아버지는 아들을

보고서 소스라치게 놀랐다. 그는 돌아와서 원로 앞에 엎드려 사실을 고백했다. 원로는 그 말을 들으면서 슬퍼했다. 왜냐하면 그런 일이 일어나는 것을 원하지 않았기 때문이다. 아울러 그 원로의 제자들은 아이의 아버지에게 아무에게도 그 사실을 말하지 말라고 권고하였다. (시소에스 18)

12 한 원로가 요단 강가로 물러나서 살았다. 무더위가 찾아왔을 때에, 그는 동굴로 들어갔다. 그런데 거기서 사자 한 마리가 이빨을 갈며 으르렁거리는 것이었다. 원로가 사자에게 말했다. "왜 너 자신을 괴롭게 하느냐? 나와 너를 위한 자리가 충분하다. 네가 원하지 않는다면, 일어나서 나가라." 그러자 사자는 참지 못하고 나가 버렸다. (무명모음집 333)

13 한 원로가 스케티스에서 테레누티스로 올라갔다. 그가 금식을 중단하자, 사람들은 그가 수고하며 애쓴 연유로 그에게 약간의 포도주를 가져왔다. 어떤 사람들은 그에 대해 말하는 것을 듣고서 마귀에 붙들린 자를 데려왔다. 마귀는 원로를 모욕하며 이렇게 말하기 시작했다. "너희는 포도주를 마시는 이 자에게 나를 데려왔구나." 원로는 겸손하여 마귀를 내쫓기를 원치 않았다. 그러나 마귀가 비난한 까닭에 그는 이렇게 말했다. "나는 그리스도를 신뢰한다. 이 잔을 비우면 네가 쫓겨날 것이다." 원로가 마시기 시작하자, 마귀가 소리쳤다. "네가 나를 태우는구나!" 마귀는 그가 잔을 비우기도 전에 그리스도의 보혈에 의해 쫓겨났다.

14 　한 교부가 물을 길어 오라고 제자를 보냈다. 우물은 수실에서 아주 멀리 떨어진 곳에 있었다. 게다가 그는 줄을 가져가는 것을 잊어버렸다. 그는 우물에 도착했을 때에야 자신이 줄을 가져오지 않았다는 것을 알았다. 그가 기도하면서 큰 목소리로 이렇게 불렀다. "우물아, 우물아, 내 사부님이 말씀하셨다. 물 항아리를 채워다오." 그러자 즉시로 물이 높이 솟아오르는 것이었다. 그 형제가 물 항아리를 채우자 물은 다시 원래대로 내려갔다. (무명모음집 27)

20

여러 교부들의
고결한 삶에 대해

정화된 영혼으로 살며 하나님을 바라보는 자는 덕의 열매를 맺는다.
덕을 실현하는 것은 하나님의 은총과 아울러 우리에게 자신에게 달
려 있다. 우리 없이 우리를 만드신 하나님은 우리 없이 우리를 구원
하지 않으신다

1 압바 둘라스가 이런 이야기를 했다. "어느 날 압바 베사리온과 내가 사막을 걷고 있었다. 우리는 어느 동굴에 도착했는데, 한 수도자가 앉아서 열심히 줄을 꼬고 있었다. 그는 우리를 향해 눈을 들지도, 인사를 하지도 않았다. 원로가 내게 말했다. '떠나세. 틀림없이 저 형제는 우리와 대화하기를 원하지 않네.' 우리는 그곳에서 떠나 압바 요안네스를 만나려고 리코를 향해 길을 갔다.

    돌아오는 길에, 우리는 그 동굴에 다시금 도착했다. 원로가 내게 말했다. '그에게 들어가 보세. 아마도 하나님께서 그와 대화를 나누게 하실 걸세.' 우리가 들어가 보니 그는 죽어 있었다. 원로가 내게 말했다. '형제여, 오게. 그의 몸을 염습하세. 하나님께서 이 일을 위해 우리를 여기에 보내신 것이네.' 우리가 그의 몸을 매장하려고 염습할 때에, 그가 여자임을 알았다. 원로는 감탄해 마지않으며 이렇게 말했다. '보게나. 여자들이 어떻게 사탄과 싸우고 있는지를. 반면 우리는 도시에서 우리 자신을 깎아내리며 살고 있다네.' 하나님께서는 당신을 사랑하는 자들을 보호하신다. 우리는 그런 하나님께 감사를 드리며, 이후 그곳에서 물러났다."

(베사리온 4b)

2 두 교부가 자신들이 어느 정도의 분량에 도달했는지 보여 달라고 하나님께 간청하였다. 한 음성이 그들에게 들려왔다. "이집트의 어떤 마을에 에우카리스토스라는 사람이 살고 있다. 그의 부인은 마리아라고 한다. 너희는 아직도 그들의 분량에 도달하지 못했다." 이 두 명의 원로는 일어나서 그 마을로 갔다. 그들은 수소문하여 그의 수실과 그의 부인을 찾았다. 그들이 그녀에게 말했다. "그대의 남편은 어디 있습니까?" 그녀가 말했다. "그는 목동입니다. 양 떼들을 먹이고 있어요." 그리고 그녀는 원로들을 자기 집에 모셨다. 저녁이 되자 에우카리스토스가 양 떼를 몰고 왔다. 그는 원로들을 보고서 식탁을 준비하고 그들의 발을 씻기기 위해 물을 떠 왔다. 원로들이 그에게 말했다. "그대의 실천을 우리에게 설명하지 않는다면, 아무것도 먹지 않겠소." 그러나 에우카리스토스는 겸손하여 이렇게 말했다. "나는 목동일 따름입니다." 원로들이 계속해서 강권했으나 그는 말하려 하지 않았다. 그러자 그들이 그에게 말했다. "하나님께서 우리를 그대에게로 보내셨소." 그는 이 말을 듣고 놀라서 그들에게 이렇게 말했다. "우리는 조상에게서 양 떼를 물려받아 여기에 있습니다. 하나님의 은혜를 받은 우리는 양 떼를 세 부분으로 나누어, 한 부분은 가난한 자들을 위하여, 또 한 부분은 나그네 대접을 위하여, 그리고 세 번째 부분은 우리의 필요를 위하여 돌보고 있습니다." 원로들은 이 말을 듣고 감탄하였고 하나님께 영광을 돌리며 물러갔다.   (에우카리스토스 1)

3 압바 베티모스가 압바 마카리오스의 이야기를 전했다. "내가

스케티스에 있을 때에 두 명의 젊은 외지인이 그곳으로 내려왔다. 한 명은 턱수염이 있었고 다른 한 명은 턱수염이 막 자라나기 시작했다. 그들이 나를 찾아와서 이렇게 말했다. '압바 마카리오스의 수실이 어디인지요?' 나는 그들에게 말했다. '그대들은 그에게서 무엇을 원하십니까?' 그들이 말했다. '우리는 그분에게서 스케티스에 대한 이야기를 듣고 싶습니다.' 내가 그들에게 말했다. '내가 그 사람입니다.' 그들은 엎드려 이렇게 말했다. '우리는 여기서 살고자 합니다.' 나는 그들이 세련되고 확연히 사치스러운 것을 보고서 그들에게 이렇게 말했다. '그대들은 이곳에서 살 수 없습니다.' 나이 많은 자가 말했다. '그렇다면 우리는 다른 곳으로 가겠습니다.' 나는 이렇게 속으로 말했다. '왜 그들을 쫓아내어 슬프게 해야 하는가? 힘들면 그들 스스로 떠날 것인데.' 그리하여 나는 그들에게 말했다. '오시오. 할 수 있으면 수실을 하나 만드시오.' 그러자 그들이 말했다. '우리에게 장소를 말씀해 주십시오. 그렇게 하겠습니다.' 나는 그들에게 도끼 한 자루와 빵과 소금이 가득 담긴 바구니 하나를 주었다. 그리고 나는 그들에게 단단한 돌을 보여 주면서 말했다. '여기를 파시오. 그리고는 늪에 있는 나무를 가져와 지붕을 만들고 그곳에 사시오.' 나는 그들이 힘들어서 떠날 것이라고 생각했다. 그러나 그들이 물었다. '여기에서는 무슨 일을 해야 하는지요?' 나는 그들에게 말했다. '끈을 꼬는 일입니다.' 나는 늪에서 잎들을 가져다가 그들에게 끈을 어떻게 꼬아서 엮는지를 보여 주었다. 그리고 나는 그들에게 말했다. '바구니를 만드시오. 그 바구니를 관리인[1]들에게 주시오. 그러면 그들이 빵을 가져다줄 것입니다.' 그런 다음 나는 물러났다. 그들은 내가 말한 모든 것을 인내하며 행했다. 그들은 삼 년 동안 나를 찾아오지 않았다.

그리하여 나는 이런 생각과 싸우고 있었다. '그들은 무얼 하는 것일까? 분심(分心)에 대해서 내게 질문하러 오지도 않고 말이야. 다른 자들은 멀리서도 내게 찾아오는데, 그들은 아주 가까이에 있으면서도 오지 않는구나. 다른 사람에게로 간 것은 아닐까. 아니면 교회에서 조용히 성찬을 받는 것일까?' 나는 그 주간 내내 금식하면서 그들이 무얼 하는지 내게 보여 달라고 하나님께 기도했다. 주말이 되어 나는 그들이 어떻게 사는지 알아보려고 그들에게 갔다. 내가 문을 두드리자, 그들은 문을 열어 주었고 아무 말 없이 내게 인사했다. 기도한 후에 내가 앉았더니, 연장자가 연소자에게 나가 있으라고 신호를 주었다. 그는 말하지 않고 앉아서 줄만 꼬고 있었다. 구시가 되어 그가 문을 두드렸다. 연소자가 와서 약간의 음식을 준비했고, 연장자가 표시하자 식탁을 차렸다. 그는 식탁에다 작은 빵 세 개를 놓았고 말없이 있었다. 내가 말했다. '일어납시다. 먹지요.' 우리는 일어나서 먹으러 갔다. 저녁이 되자 그들은 내게 '사부님은 떠나시는지요?'라고 말했다. 나는 '아닙니다. 여기에서 잘 겁니다'라고 말했다. 그러자 그들은 나를 위해 한쪽 편에 돗자리를 깔았고 구석진 반대쪽에는 자신들을 위해 돗자리 하나를 깔았다. 그들은 허리띠를 풀고 모자를 벗은 후에 나의 맞은편에 있는 돗자리에 함

---

1. phylaches(필라케스).

게 누웠다.

　그들이 자리를 잡자 나는 그들의 일을 내게 보여 달라고 하나님께 기도했다. 지붕이 열리고 마치 대낮처럼 밝은 빛이 내려왔다. 그러나 그들은 빛을 보지 못했다. 그들은 내가 잔다고 생각했는지, 연장자가 나이 어린 자의 옆구리를 건드렸다. 그리고 그들은 일어나서 허리띠를 하고 하늘로 손을 뻗었다. 나는 마귀들이 마치 파리처럼 어린 자에게 날아오는 것을 보았다. 어떤 마귀들은 그의 입에 있었고, 어떤 마귀들은 그의 눈에 있었다. 나는 또한 주님의 천사가 불 칼을 들고 그를 보호하며 마귀들을 내쫓는 것을 보았다. 그런데 마귀들은 나이 든 자에게만큼은 다가가지 못했다. 동틀 무렵이 되어서야 그들은 자리에 누웠다. 나는 잠에서 깨어나는 것처럼 행동했다. 연장자는 내게 이 한 마디를 했다. ‘우리가 시편 열두 편을 암송해도 될까요?’ 나는 좋다고 말했다. 어린 자가 다섯 편의 시편을 여섯 구절씩 묶어서 〈할렐루야〉와 함께 노래했다. 그때 각각의 구절에서 불붙은 등잔이 그의 입에서 나와 하늘로 올라가는 것이었다. 마찬가지로 연장자가 노래하려고 입을 여는데, 불로 된 끈이 나와 하늘까지 올라가는 것이었다. 나도 몇 개의 시편을 보태었다. 나는 떠나가면서 말했다. ‘나를 위해 기도해 주시게.’ 그들은 조용히 내게 엎드렸다. 연장자는 완전한 자인 반면, 연소자는 아직도 마귀의 공격을 받는다는 것을 나는 알았다. 며칠 후 나이 많은 형제는 잠들었고, 사흘 후에 나이가 적은 형제도 잠들었다.’ 교부들이 압바 마카리오스에게 왔을 때에 그는 교부들을 그들의 수실로 안내하면서 이렇게 말했다. ‘와서 보시오. 젊은 외지

4   압바 시소에스가 자신의 수실에 거할 때는 항상 문을 잠가 두었
     다.   (시소에스 24)

5   그에 대한 이야기이다. "그가 임종하는 순간에 교부들이 그의
     주변에 앉아 있었다. 그의 얼굴은 해같이 빛났다. 그가 그들에
     게 말했다. '저기 압바 안토니오스가 오고 있다네.' 조금 후에 그
     는 그들에게 다시 말했다. '저기 선지자들의 성가대가 오고 있다
     네.' 그리고 다시금 그의 얼굴이 더욱 강렬한 빛을 발하였다. '저
     기 사도들의 성가대가 오고 있다네.' 그의 얼굴이 광채로 빛났
     고 대화하는 것 같았다. 그러자 원로들이 그에게 물었다. '사부
     님, 누구와 대화하고 계십니까?' 그가 말했다. '천사들이 나를 데
     리러 왔다네. 내가 회개할 수 있도록 해 달라고 천사들에게 간
     청하고 있네.' 교부들이 그에게 말했다. '사부님, 사부님은 회개
     할 필요가 없습니다.' 원로가 그들에게 말했다. '진실을 말하자
     면, 나는 회개를 시작조차 못 한 것 같네.' 그런데 모든 사람들은
     그가 완전하다는 것을 알고 있었다. 그러다가 그의 얼굴이 갑자
     기 해처럼 다시 빛났다. 모든 사람들이 두려움으로 가득 찼다.
     그가 그들에게 말했다. '보게나. 주님이 내게 오셔서 말씀하셨
     네. 사막의 택한 그릇을(행 9:15 참고) 내게 가져오라고.' 그 즉시
     그는 숨을 거두었다. 번개처럼 밝은 빛이 있었고, 그곳은 온통

---

2. martynōn(마르티리온)

좋은 향기로 가득했다.” (시소에스 14)

6 압바 오르는 결코 거짓말하는 적이 없었고 맹세하지도 않았으며 타인을 비방하지도 않았고 필요 없이 말하는 법도 없었다고 한다. (오르 2)

7 압바 오르가 제자에게 말했다. “수실에 낯선 말(言)이 들어오지 않도록 주의하라.” (오르 3)

8 스케티스 사람들 사이에는 경쟁이란 것이 없었다고 한다. 그들 모두가 덕행에 있어 뛰어났기 때문이다. 어떤 사람은 이틀 중 하루만 먹었고, 어떤 사람은 나흘 중 하루를 혹은 일주일에 한 끼만을 먹었다. 어떤 사람은 아예 빵을 먹지 않았다. 한마디로 말하면 이 거룩한 자들은 모든 덕을 이루었다. (무명모음집 467)

9 두 명의 위대한 원로가 스케티스의 사막을 걷고 있었다. 그들은 땅속에서 어떤 소리가 들리는 것 같아서 동굴의 입구를 찾았다. 동굴 안에는 나이 든 여인이 누워 있었는데, 거룩한 동정녀였다. 그들은 그녀에게 이렇게 말했다. “여인이여, 그대는 어떻게 여기에 계십니까? 누가 그대의 시중을 들어줍니까?” 그들은 그 동굴 안에서 병들어 누운 그 여자 외에는 다른 사람을 발견하지 못했다. 그녀가 말했다. “38년 동안 나는 풀만으로 만족하고 그리스도를 섬기면서 이 동굴에 있었습니다. 오늘까지 어느 누구도 만나 본 적이 없습니다. 하나님께서 나의 유해를 묻어 주시

려고 당신들을 보내셨군요." 그녀는 이렇게 말하면서 잠들었다. 원로들은 하나님께 영광을 돌려 드리며 그녀의 몸을 묻어 주고 그곳에서 물러갔다.

(무명모음집 132C)

10 어떤 다른 원로는 옥시린코스 도시의 감독이 되었을 만큼 덕이 있는 자였다. 그는 이 이야기를 다른 사람에게서 들었다고 했으나, 실제로는 자기 자신에 관한 일이었다. "어느 날 한 형제가 오아시스가 있는 쪽의 깊은 사막으로 들어가기로 하였다. 오아시스에는 마제코스족(族)이 살고 있었는데, 그는 깊은 사막에서 그리스도를 섬기는 사람이 있는지 찾아보고 싶었다. 그리하여 그는 나흘 동안 먹을 약간의 빵과 물만 챙기고는 여행을 시작했다. 그러나 나흘이 지나고 음식이 바닥나자 어떻게 해야 할지 알 수가 없었다. 그래도 그는 확신을 갖고 아무것도 먹지 않고 나흘을 더 걸었다. 하지만 결국 그는 의식을 잃고 땅에 쓰러졌다. 그런데 누군가가 오더니, 의사가 하는 것처럼 손가락으로 그의 입술을 건드렸고, 날카로운 도구로 눈을 스치듯 하였다. 그 즉시 형제는 힘이 솟아나 마치 여태 걷지도 않고 배도 고프지 않은 것처럼 되었다. 그는 일어나서 다시 사막을 걸었다. 또다시 나흘이 지났고 그는 다시금 의식을 잃었다. 형제가 손을 하늘로 뻗자, 그에게 힘을 주었던 그 사람이 다시 나타났다. 그 사람은 손가락으로 형제의 입술에 기름을 발랐고 그에게 힘을 주었다. 십칠 일이 지나고 나서야 그는 오두막과 종려나무와 물과 어떤 사람을 만나게 되었다. 그 사람은 서 있었는데, 백발(白髮)을 옷처럼 몸에 덮고 있었다. 그의 모습은 무시무시했다. 그

242

는 형제를 보자 서서 기도했다. 그는 '아멘'이라고 하고 나서야 형제가 사람인 줄을 알아보았다. 그는 형제의 손을 잡고 다시금 서서 기도한 뒤에 형제에게 이렇게 물었다. '그대는 어떻게 여기에 오게 된 것입니까? 세상사(世上事)는 여전히 잘 돌아가고 있습니까? 박해가 계속되나요?' 형제가 말했다. '주인 되신 그리스도를 진실로 섬기는 당신 덕분에, 나는 이 사막을 건넜습니다. 박해는 하나님의 은혜로 끝이 났습니다. 이번엔 그대가 어떻게 여기에 오게 되었는지 내게 말씀해 주십시오.'

그는 슬피 울며 말하기 시작했다. '나는 감독이었습니다. 박해 기간에 나는 많은 형벌을 받게 되었는데, 이를 견디지 못했습니다. 결국 나는 이교도의 희생 제사를 드리고 말았습니다. 제정신이 들어 죄를 깨닫게 되었을 때, 나는 죽기로 다짐하고 이 사막으로 왔습니다. 나는 49년 동안 이곳에서 죄를 회개하며 하나님께 기도하고 있습니다. 주님께서는 이 종려나무로 내게 음식을 제공해 주셨습니다. 내가 용서를 구했지만 48년 동안 나의 기도는 응답되지 않았습니다. 그러다가 올해에 내 기도가 응답되었습니다.' 그는 이 말을 마치고 갑자기 일어나더니 뛰쳐나가 오랜 시간 동안 서서 기도하였다. 기도를 끝낸 후 그는 형제에게로 왔다. 그의 얼굴은 당황한 기색이 역력했고 두려움에 떨고 있었다. 그가 불처럼 변한 까닭이다. 그는 형제에게 말했다. '두려워 마시오. 내 몸을 염습하여 매장하라고 주님께서 당신을 보내신 것입니다.' 이 말을 마친 후, 곧 그는 손과 발을 펴고 삶을 마감하였다. 형제는 자신의 겉옷 절반만 자신을 위해 남겨 두고, 나머지 절반은 그의 거룩한 몸을 덮어 땅에 장사하였다. 형제가 그를 땅에 장사하자마자 종려나무가 시들었으며 오두막이 허물어졌다. 형제는 하나님께 많은 눈물로 간청하였다. 이 종려 나무를 내게 주시어 내가 이곳에서 여생을 보낼 수 있게 해 달 라고 하였다. 그러나 바라던 일이 일어나지 않았으므로, 형제 는 거기에 있는 것이 하나님의 뜻이 아니라고 생각하였다. 형제 는 기도를 드리고 나서 사람 사는 세상으로 다시 떠났다. 형제 의 입술에 기름을 발라 주었던 그 사람이 다가와서 형제에게 힘 을 채워 주었다. 이렇게 하여 형제는 다른 형제들에게 되돌아올 수 있었고 이 모든 이야기를 할 수 있었다. 그리고 스스로 절망 하지 말고 인내하며 하나님을 찾으라고 다른 형제들을 권면하 였다."

(무명모음집 132B)

11   교부들의 이야기이다. 마카리오스라는 어떤 자가 처음으로 스 케티스에 독수처를 만들었다. 사막에 있는 이곳은 니트리아에 서 멀었는데, 하루하고도 반나절의 거리만큼 떨어져 있었다. 그 곳에 가려는 자들은 커다란 위험에 처하기 십상이었다. 길을 벗 어날 수도 있었고, 길을 잘못 들면 사막에서 길을 잃을 수도 있 었다. 거기에 살던 자들은 완전한 자들이었다. 불완전한 자는 너무나도 황량한 그곳에서 살 수가 없었다. 그곳은 아주 메마른 곳일 뿐 아니라, 필요한 어떤 것도 구할 수 없는 지역이었기 때 문이다. 교부들이 말한 문제의 마카리오스는 도시 출신이었지 만, 어느 날 대(大) 마카리오스와 만나게 되었다. 그들이 나일 강 에 이르러 건너가기 위해 큰 배에 올랐다. 그 배 안에는 두 명의 군사령관이 아주 거만하게 자리 잡고 있었다. 그들에게는 청동

마차와 황금 재갈을 씌운 말들이 있었다. 몇몇 군사들이 목걸이와 금박을 입힌 허리띠를 하고서 그들을 호위하고 있었으며 노예들도 있었다. 사령관들은 이 두 명의 수도자가 누더기를 입은 채로 구석에 앉은 것을 본 후, 그들의 가난을 축복하였다. 한 사령관이 그들에게 이렇게 말했다. "세상을 하찮게 여기는 그대들은 복되도다!" 도시 출신 마카리오스가 그에게 대답하였다. "우리는 세상을 하찮게 여기고 있습니다. 그러나 세상은 당신들을 하찮게 여기고 있지요. 원하지는 않았지만 그대가 그렇게 말씀하셨다는 것을 아십시오. 우리 둘은 '행복한 자', 즉 마카리오스라는 이름을 갖고 있습니다." 이 사령관은 그의 말에 감동하여 그의 수실로 들어가서 자신의 옷을 벗어 놓고 수도자가 되었으며 많은 적선을 행하였다.   (무명모음집 492)

12 한 원로가 수실에서 기도하고 있을 때, 어떤 목소리가 이렇게 말하는 것이었다. "그대는 아직도 모(某) 도시에 있는 두 여인의 분량에 도달하지 못했다." 그 원로는 이른 아침 일어나서 외투를 걸치고 그 도시로 길을 떠났다. 거기에서 두 여인이 사는 곳을 알아낸 다음 문을 두드렸다. 여인들이 원로를 맞아 그의 곁에 앉자 원로가 말했다. "그대들 때문에 내가 이런 수고를 한 것이오. 그대들의 실천이 어떠한지 내게 말해 주시오." 그녀들이 그에게 말했다. "사부님, 들어 보세요. 우리는 단 하루도 우리 남편들의 잠자리를 떠나지 않습니다. 그런데 무슨 실천을 한단 말입니까?" 그러나 원로는 그녀들 앞에 엎드려 어떤 실천을 하는지 보여 달라고 간청했다. 그러자 그녀들이 말했다. "우리는

둘 다 다른 지역에서 왔어요. 그런데 피를 나눈 두 형제와 결혼하기로 한 후, 이 집에서 함께 산 것이 15년째입니다. 그동안 우리는 거친 말을 하거나 싸움을 건 적이 없지요. 우리는 언제나 평화롭게 화합하여 지내고 있답니다. 동정녀들의 수도원에도 들어갈까 생각하여, 우리의 남편들에게 간구했지만, 그들이 동의하지 않았습니다. 그래서 우리 둘은 하나님과 우리 사이에 약조(約條)를 맺어 죽을 때까지 세속적인 말은 하지 않기로 했답니다." 원로는 이 말을 듣고 말했다. "진실로 동정녀든 결혼한 자든 혹은 수도자인가 세상 사람인가 하는 것은 문제가 되지 않는구나. 하나님께서는 스스로 선택하여 이 여자들과 흡사하게 사는 자들에게 성령을 주신다."   (무명모음집 489)

13   한 원로의 이야기이다. 사막에 어떤 원로가 있었는데, 오랜 세월 동안 하나님을 섬기며 이렇게 간청했다고 한다. "주님, 내가 하나님을 기쁘게 해 드렸는지 보여 주십시오." 그러자 한 천사가 나타나서 이렇게 말하는 것이었다. "그대는 어떤 곳에 있는 채소 장수에도 미치지 못한다." 그 원로는 놀라서 이렇게 스스로에게 물었다. '내가 그 도시에 가서 그를 만나리라. 그가 무엇을 하였기에 오랜 세월 동안 이루어진 나의 실천과 수고를 넘어서는가?' 그리하여 원로는 떠나서 천사가 그에게 일러 준 장소에 도착하였다. 그는 앉아서 채소를 파는 자를 찾았다. 그는 그의 옆에 앉아서 시간을 함께 보냈다. 그 사람이 장사를 끝내고 일어나자, 원로는 그에게 이렇게 말했다. "형제여, 오늘 밤 그대의 수실에 나를 재워줄 수 있겠는가?" 그 사람은 커다란 기쁨으

로 그를 맞아들였다. 원로는 그의 수실로 올라갔고, 그 사람은 원로의 필요와 쉼을 위해 음식을 준비하였다. 원로가 그에게 말했다. "형제여, 그대가 어떻게 살아가는지 내게 이야기해 주게나." 그 형제는 말하고자 아니하였으나, 원로가 오랫동안 간청하자 당황하여 이렇게 말했다. "나는 저녁에만 먹습니다. 그리고 하루를 끝낼 때는 음식을 위해 필요한 것만을 가지고 돌아오지요. 나머지는 가난한 자들에게 나누어 줍니다. 만일 하나님의 종을 맞아들이게 된다면, 그분을 위해 그것을 사용합니다. 나는 아침에 일어나서 일하러 가기 전에, 이 도시의 가장 작은 자로부터 가장 큰 자에 이르기까지 그들을 축복하고 나 자신을 가장 작은 자로 여기며 회개하지요. 그리고 또다시 저녁이 이르러 잠들기 전에, 같은 말을 반복합니다."

원로는 이 말을 듣고 이렇게 말했다. "이 행업은 선한 것이지만, 오랜 세월에 걸친 나의 노고를 넘어설 수는 없다네." 그들이 먹으러 갔을 때에 원로는 사람들이 노래 부르는 소리를 들었다. 그 채소 장수의 수실은 사람들의 왕래가 잦은 곳에 있었다. 원로가 그에게 말했다. "형제여, 그대는 하나님을 따라 살고자 하면서, 어찌 이런 곳에 수실을 만들었는가? 이 노랫소리를 들으면 방해되지 않던가?" 그 사람이 말했다. "사부님, 확실히 말씀드리지만, 나는 방해받지도 않고, 곤란을 당하지도 않습니다." 이 말을 들은 원로가 말했다. "이런 노래를 들으면 그대는 마음속으로 어떤 생각을 하게 되는가?" 그 사람이 말했다. "나는 그들 모두가 하나님의 나라에 갈 것이라고 생각합니다." 이 말에 원로는 경탄하며 말했다. "바로 이 실천이 오랜 세월 동안 내가 수고한 모든 것을 넘어서는 게로구나." 원로는 그에게 엎드려 이렇게 말했다. "형제여, 나를 용서하게. 나는 아직도 이런 분량에 이르지 못했다네." 그리고 원로는 음식도 사양하고 사막으로 다시 떠나갔다. (무명모음집 67)

14 한 교부가 이런 이야기를 했다. 어떤 지역의 감독이 죽자 그 지역의 주민들이 대도시 알렉산드리아에 가서 대감독에게 다른 감독을 임명해 달라고 요청하였다. 대감독이 그들에게 말했다. "그리스도의 양 떼를 먹이기에 적당하다고 생각되는 자를 내게 소개해 주시오. 내가 그를 감독으로 안수하겠습니다." 그들이 말했다. "우리는 아무도 모릅니다. 그대의 천사가 우리에게 말해 주는 사람이 아니라면 말입니다." 대감독이 그들에게 말했다. "그대들 모두가 여기에 있습니까?" 그들은 아니라고 대답하였다. 그가 그들에게 말했다. "가서, 모두 모여 내게 오시오. 여러분의 감독으로 선출되는 자는 여러분 모두의 동의를 얻어야 하니까요." 그들은 떠나서 모두 모였고 감독을 안수해 달라고 요청하기 위해 대감독에게 다시 왔다. 그가 그들에게 말했다. "여러분이 확신을 가지는 사람을 말씀하시오." 그들이 말했다. "우리는 아무도 모릅니다. 당신의 천사가 우리에게 주는 분이 아니라면 말입니다." 그가 그들에게 말했다. "여러분 모두 여기에 있습니까?" 그들이 말했다. "우리 모두가 여기에 있습니다." 그가 다시 말을 했다. "여러분 중의 어느 누구도 자리를 비운 사람이 없지요?" 그들이 말했다. "네, 그렇습니다. 우리들의 우두머리의 나귀를 지키는 사람만이 빠졌을 뿐입니다." 대감독이 그

들에게 말했다. "여러분은 내가 안수하는 사람을 확실히 받아들일 겁니까? 나 자신이 신뢰하는 사람을 안수한다면 말이요?" 그들 모두가 말했다. "우리는 확신합니다. 당신은 거룩하니 하나님께서 당신에게 확신을 주는 그 사람을 우리에게 감독으로 주십시오." 대감독은 그들 우두머리의 나귀를 지키는 자를 데려오라고 하였다. 그리고 그는 그들에게 말했다. "내가 이 사람을 감독으로 안수한다면 당신들은 받아들일 겁니까?" 그들은 받아들이겠다고 말했다. 그리하여 그는 이 사람을 안수하였다. 사람들은 그를 환영했고, 아주 기뻐하며 자기들의 지방으로 그를 인도했다.

그런데 커다란 가뭄이 닥쳐왔다. 새로운 감독은 비를 내려 달라고 하나님께 간청했다. 한 음성이 그에게 들려오는 것이었다. "새벽녘에 도시의 어떤 문으로 가거라. 첫 번째로 그 문을 들어오는 사람을 보거든 그를 붙들라. 그가 기도하면 비가 내릴 것이다." 그리하여 그는 그렇게 했다. 그는 성직자단과 출발하여 앉았다. 에티오피아 원로가 도시에 내다 팔 나뭇단을 가지고 들어오는 것이었다. 감독이 일어나 그를 붙잡았다. 그 원로는 즉시로 자신의 나뭇단을 내려놓았다. 감독이 그에게 요청했다. "사부님, 비가 오도록 기도해 주십시오." 그러나 원로는 한사코 거절하였다. 자꾸만 간청하자 원로가 기도했다. 그 즉시 비가 폭포수처럼 쏟아졌다. 그가 다시 기도하지 않았다면 비는 그치지 않았을 정도였다. 감독이 원로에게 청했다. "사부님, 우리에게 사부님의 삶을 말씀해 주시어 우리가 유익을 얻도록 해 주십시오. 우리가 그 삶을 따를 수 있도록 말입니다." 그러자 원로가 말했다. "교종님, 나를 용서하십시오. 교종님이 보듯, 나는 나가서 나무를 해 와서 팝니다. 나는 두 개 이상의 동전을 지니지 않습니다. 나머지는 가난한 자들에게 주지요. 나는 교회에서 자고 다음 날이면 다시 일을 시작합니다. 하루나 이틀 날씨가 궂을 때면 날씨가 개어서 다시 나무할 수 있을 때까지 굶는답니다." 그들은 원로의 이런 실천에 크게 유익을 얻고 하나님께 영광을 돌리며 헤어졌다.   (무명모음집 628)

교부들의
숭고한 덕을 요약해 주는
금언들

영혼이 하나님을 향한 불타는 사랑 안에서 조금씩 육으로부터 빠져 나오기 시작하고, 기억이나 감각이나 기질에서 오는 사념을 물리치고, 사랑과 온유, 기쁨과 감사로 가득차면, 지성은 충만한 앎에 이른다.

1   원로에게 물었다. "돈을 사랑하는 것이란 무엇인가요?" 그가 대답하였다. "하나님께서 그대를 돌보신다는 것을 믿지 않는 것이며, 하나님의 약속을 저버리는 것이고 해로운 욕망을 사랑하는 것이라네." (이사야 9)

2   그에게 또 물었다. "타인에 대한 비난이 무엇인가요?" 그가 대답하였다. "하나님이나 하나님의 영광을 알지 못하는 것이며 이웃을 시기하는 것이라네." (이사야 10)

3   그에게 또 물었다. "화(火)란 무엇인가요?" 그가 대답하였다. "경쟁심과 거짓과 무지라네." (이사야 11)

4   한 원로에게 물었다. "어떻게 해야 수도자가 됩니까?" 그가 대답했다. "내 견해로는 홀로 자기 자신을 대면해야 수도자가 될 수 있다네." (무명모음집 89)

5   한 원로에게 물었다. "제가 사막을 돌아다닐 때 두려움을 느끼는 이유는 무엇입니까?" 그가 대답했다. "그대가 아직 살아 있기

때문이라네." (무명모음집 90)

6   그에게 또 물었다. "구원받으려면 무엇을 해야 합니까?" 그는 자신이 하던 대로 빨마 줄기만 꼬면서 대답했다. "그대가 보는 대로, 이렇게 해야 한다네." (무명모음집 91)

7   한 원로에게 물었다. "어찌하여 사부님은 결코 낙담하지 않습니까?" 그가 대답했다. "왜냐하면 매일 내가 죽기를 기다리는 까닭이라네."

8   그에게 또 물었다. "저는 어찌하여 계속 태만한 것입니까?" 그가 대답했다. "그대가 결코 태양을 본 적이 없기 때문이라네."

(무명모음집 92)

9   한 원로에게 물었다. "수도자의 일이란 무엇인가요?" 그가 대답했다. "분별이라네." (무명모음집 93)

10   한 원로에게 물었다. "부정(不貞)의 유혹은 어디에서 오나요?" 그가 대답했다. "많이 먹고 자는 것에서 오는 것이라네."

(무명모음집 94)

11   한 원로에게 물었다. "수도자는 무엇을 해야 하는지요?" 그가 대답했다. "모든 선을 실천하고 모든 악을 멀리해야 한다네."

(무명모음집 95)

12   원로들이 말했다. "기도는 수도자의 거울이다."   (무명모음집 96)

13   원로들이 말했다. "판단하는 것보다 더 나쁜 것은 아무것도 없다."
                                                (무명모음집 97)

14   원로들은 여러 생각에 결코 빠져들지 말라고 하였다.

15   원로들이 말했다. "겸손은 수도자의 왕관이다."   (무명모음집 98)

16   원로들이 말했다. "그대에게 일어나는 모든 생각에 대해 이렇게 말해 보라. '너는 우리 편이냐 적이냐?' 그렇게 하면 그 생각이 분명하게 자백할 것이다."
                                                (무명모음집 99)

17   원로들이 말했다. "영혼은 샘이다. 그대가 파 내려간다면 맑아진다. 그러나 거기에다 흙더미를 쌓아 둔다면 사라져 버린다."
                                                (무명모음집 100)

18   원로가 말했다. "우리를 감옥에 가두시든, 감옥에서 꺼내 주시든, 나는 하나님이 불의한 분이 아니심을 믿는다."
                                                (무명모음집 101)

19   그가 또 말했다. "일하지 않는 수도자는 거만하다고 평가받는다."

20 한 원로가 말했다. "우리가 악을 행해도 하나님께서 인내하시며 우리를 용서해 주시는데, 하물며 우리가 선을 행할 때는 더욱 많이 도와주지 않으시겠는가?"

21 한 원로가 말했다. "하고자 하는 일이 하나님의 뜻을 따른 것이라면, 먼저 그대의 마음을 점검하기 전에는 아무것도 행하지 마라." (무명모음집 103)

22 한 원로가 말했다. "수도자가 서서 기도할 때만 기도한다면, 그는 전혀 기도하지 않는 자이다." (무명모음집 104)

23 한 원로가 말했다. "나는 이십 년 동안 오직 한 가지 생각과 싸웠다. 그리하여 모든 사람을 한 사람처럼 보게 되었다." (무명모음집 105)

24 한 원로가 말했다. "모든 덕 중에서 가장 큰 덕은 분별이다." (무명모음집 106)

25 한 원로에게 물었다. "영혼이 어떻게 겸손을 얻게 되는지요?" 원로가 대답했다. "영혼이 자기 자신의 잘못만을 염려할 때라네." (무명모음집 107)

26 한 원로가 말했다. "남에 대한 비방을 듣는 자는 도망쳐야 하고, 비방하는 자는 고침 받아야 한다."

27   한 원로가 말했다. "내가 도달할 수 있었던 모든 것, 나는 그것을 소홀히 하지 않았다."   (무명모음집 109)

28   한 원로가 말했다. "땅이 절대로 떨어지는 법이 없듯, 겸손한 자도 더 이상 떨어지지 않는다."   (무명모음집 108)

29   한 원로가 말했다. "이 세대는 오늘을 구하시 않고 내일을 구한다."   (무명모음집 112)

30   그가 또 말했다. "존경받고자 하지 마라."   (무명모음집 114)

31   한 원로가 말했다. "겸손은 화를 내지 않고 어느 누구도 화나게 하지 않는다."   (무명모음집 115)

32   한 원로가 말했다. "명성이 실천보다 위에 있는 자에게는 화가 있을 것이다."   (무명모음집 117)

33   한 원로가 말했다. "주님 때문에 미치게 된 자는 주님께서 현명하게 만들어 주실 것이다."   (무명모음집 120)

34   한 원로가 말했다. "매시간 죽음을 눈앞에 떠올리는 자는 비겁함을 극복한다."   (무명모음집 121)

35   한 원로가 말했다. "하나님이 인간에게서 기다리는 것은 마음과

말과 행동이다." (무명모음집 122)

36 같은 원로가 말했다. "사람에게는 이것이 필요하다. 하나님의 심판을 두려워하는 것과 죄를 미워하는 것, 덕을 사랑하는 것과 하나님께 간청하는 것이다." (무명모음집 123)

37 한 원로가 말했다. "우리가 어디든지 콧김과 함께 가는 것처럼, 우리가 어디에 있든지 죽음에 대한 두려움과 눈물이 있어야 한다."

38 한 원로가 말했다. "거룩한 성경 말씀을 읽는다는 그 사실 자체가 마귀들에게 겁을 준다."

39 한 원로가 말했다. "그대가 무관심이라는 이 작은 풀을 뽑아내지 않으면, 그것이 지나치게 자라 버릴 것이다."

40 한 원로가 말했다. "인간적인 염려는 사람에게서 모든 윤택한 것을 앗아가고 메마르게 만든다."

41 한 원로가 말했다. "책망 받지 않기 위해 최선을 다하라. 그리고 꾸밈을 추구하지 마라."

42 한 원로가 말했다. "감사는 주님 앞에서 무능을 변호해 준다."

43   한 원로가 말했다. "염려와 배(腹)를 억제하라. 그리하면 쉼을 얻으리니."

44   한 원로가 말했다. "자유를 누리고 노예가 되지 마라. 그대가 말할 때에 동요와 열망을 절제하라. 그리하면 그대에게 동요가 없을 것이다. 출애굽을 위해 그대의 일을 준비했다 할지라도 말이다."

45   한 원로가 말했다. "수도자를 찬양하는 것은 그 수도자를 원수의 손에 넘기는 것이다."   (무명모음집 498)

46   한 원로가 말했다. "위로의 말을 하는 자는, 자신이 그 말의 첫 번째 수혜자임을 생각해야 한다."   (참고 무명모음집 433)

47   교부들이 말하기를 "노고를 사랑하지 않는다면 어느 누구도 예수를 사랑할 수 없다"고 하였다.

48   한 원로가 말했다. "자기 자신을 무시하는 것은 튼튼한 성벽과 같다."

49   한 원로가 말했다. "하나님은 게으르고 나태한 것을 원하시지 않는다."   (무명모음집 602)

50   한 원로가 말했다. "이웃에 대한 그대의 양심을 살피라. 그리하

면 안식을 얻으리니.”

51   한 원로가 말했다. “모든 선한 일의 뿌리는 진실이다.”

52   한 원로가 말했다. “모든 사람을 같은 방법으로 받아들이지 않고 차별하는 자는 완전할 수 없다.”

53   원로들이 말했다. “불이 숲을 살라 버리듯 수도자는 동요들을 불살라 버려야 한다.”

54   한 원로가 말했다. “수도자는 듣지도 말아야 하고 비방하지도 말아야 하고 걸림돌이 되지도 말아야 한다.”

55   한 형제가 어떤 원로에게 물었다. “언제까지 잠잠히 있어야 합니까?” 원로가 말했다. “질문 받을 때까지 그래야 한다네. 듣기 전에는 말하지 말아야 하는 법이네.”

56   한 형제가 어떤 원로에게 생명에 대해서 물었다. 원로는 이렇게 대답했다. “짚을 먹어라. 짚을 갖고 다니라. 짚 위에서 잠을 청하라. 그리고 강철 같은 마음을 가지라. 매일 노력하라…….”

사막 교부들의 삶과 사상, 그리고 영적 유산

천사 같은 삶

사막 교부들의 삶을 일컬어 별칭처럼 부르는 표현이 있다. 바로 '천사 같은 삶'이다. 사람이라면 인종과 문화가 다를 뿐 다들 비슷한데 어디에 천사 같은 사람이 있냐고 반문할 수도 있겠다. 그런데 소유권에 얽힌 사막 교부들의 일화는 이들이 적어도 사회적 통념 저 너머에서 살았음을 보여 준다. 예를 들어 압바 마카리오스와 도둑의 이야기 같은 것이다. 한번은 압바 마카리오스가 외출했다가 수실로 돌아왔는데, 어떤 자가 수실의 물건을 훔쳐 노새의 등에 신고 있는 중이었다. 마카리오스는 자신이 주인 행색을 하면 도둑이 놀랄까 생각했는지 마치 "낯선 사람처럼 서서 문을 잡아 주고는" 도둑이 마음 편히 물건을 훔치도록 도와주었다. 다른 수도자는 도둑떼가 들이닥치자 아예 마음에 드는 물건을 다 가져가라고 한 후에 도둑들이 미처 발견 못한 지갑을 발견하고는 도둑들을 따라가 그것마저 쥐어 주었다고 한다. 이런 일화는 '내 것'과 '네 것'의 경계를 긋는 인정법(人定法)의 관점에서는 선뜻 이해가 되지 않는다.

문화와 문명이 뿌린 내린 곳에는 예외 없이 소유권 제도가 발전했고, 공권력의 주요 기능 중 하나도 사적 소유권을 보호하는 일이다. 그런데 사막 교부들은 모든 것이 하나님의 것이라는 '영원법'과 필요한 자가 사용한다는 '자연법' 사상을 행동으로 옮겼으니, 과연 천사 같은 삶이 아닐 수 없다.

사막 교부들은 필요한 자에게 거저 주었을 뿐 아니라 필요하지 않은 것은 받지도 않았다. 그 예가 로마의 귀부인 멜라니아에 얽힌 이야기다. 멜라니아는 남편과 함께 스페인과 북아프리카에 자리한 대농장을 매각한 후 이집트에 당도했다. 멜라니아 부부는 명망 높은 수도자를 만나 깊은 감명을 받았고 금덩어리를 선물하며 선한 일에 사용해 달라고 간청했다. 그런데 원로 수도자가 이를 거부하자 수도자의 거처에 금덩어리를 몰래 숨겨놓고 길을 떠났다. 잠시 후 금덩어리를 발견한 수도자는 멜라니아 부부를 급히 뒤따라가 그들 일행이 탄 배에 올라 금덩이를 돌려주려 했다. 그들이 한사코 거절하자 원로는 금덩어리를 나일 강에 던져버리고 말았다. 유익하게 사용할 수 있는 금덩이를 나일 강에 버렸다는 면에서 원로의 행동이 잘 납득되지 않지만, 이런 기행(奇行)은 사막 영성의 자기성찰에 따른 결과였다. 사막의 구도자들은 필요하지 않는데도 받는 행위를 탐욕으로 생각했고, 다른 사람의 것으로 베푸는 행위를 허영으로 보았던 것이다.

옳고 그름의 영역에서도 사막 교부들의 행동은 특별했다. 어떤 범죄자가 교회에서 기도를 하고 있었는데, 사제가 범죄자를 보더니 예배당에서 나가라고 하였다. 무명의 수도자가 그 광경을 본 후 '나도 죄인입니다'하고 범죄자를 뒤따라 예배당에서 나갔다고 한다. 사회적 삶에서는 형법상 범죄 행위와 마음의 죄악을 구분하여 경중을 따지지만, 사막의 수도자들은 상대적 관점이 아니라 절대자이신 하나님 앞에 서서 자신을 견주었다. 니트리아, 켈리아, 스케티스 같은 사막 은수자들의 주거지에는 일종의 법원 기능을 하는 원로들의 자문회의가 있었지만 추방이 결정되는 경우는 거의 없었다. 사막 영성은 타인이 아니라 자아를 문제시했고, 외부 사건이 아니라 내면의 사건에 집중했기 때문이다. '누군가가 오늘 죄를 범했는가? 내일은 죄를 범하는 그 사람이 내가 될 수도 있다.' 이렇게 사막 영성은 사회 윤리가 아니라 개인 윤리와 개인의 구원에 초점을 맞춘다.

몸과 마음이라는 전쟁터

성 어거스틴은 사막을 경험하지는 못했으나 사막 교부들의 영적 감수성을 지닌 인물이었다. 그는 《고백록》에서 황실의 석좌교수보다 거지가 더 행복하다고 밝힌 적이 있다. 어거스틴은 고위직 인맥에 힘입어 당시 로마 제국의 황실이 자리한 밀라노에서 꿈에 그리던 궁정 수사학 교수 자리에 오른다. 당시 황제는 14살 정도의 청소년, 발렌티니아누스 2세였고 그의 어머니 유스티나가 섭정하였다. 어느 날 어거스틴은 궁정에서 황제의 은총과 공덕으로 로마 제국이 평화롭게 번영하고 있다는 내용으로 멋진 송덕문을 발표했다. 청중은 송덕문의 내용이 거짓과 과장으로 가득 차 있음을 알고도 환호와 박수갈채를 보냈다. 이후 궁정을 나선 어거스틴은 길거리에서 구걸하고 있는 어떤 걸인을 발견했다. 그 걸인은 지나가는 사람들에게 복을 빌어주고 대가로 돈을 받아 술을 사 먹었다. 보통 사람 같으면 그냥 지나쳤을 장면이지만 어거스틴은 달랐다. 걸인의 행동을 관찰하면서 어거스틴은 거지가 자기보다 행복하다는 사실을 깨달았다. 자신은 화려한 궁정에서 거짓 박수갈채를 받지만 걸인은 사람들에게 복을 빌어주고 받은 돈으로 술을 사먹으며 행복해했다. 그러니 복을 빌어주는 걸인의 삶이 거짓된 수사학 교수보다 행복하다고 본 것이다. 몇 년 후 어거스틴은 《안토니오스의 생애》 등에 영향을 받아 회심하면서 수사학 교수직을 내려놓고 고향인 북아프리카로 돌아간다.

마음의 눈이 내면으로 향해야 자신의 욕망을 분석하고 악덕을 확인할 수 있다. 이런 자아인식은 신앙의 전유물이 아니라 인문주의(철학)에도 공통된 것이다. 위의 이야기에서 보듯 어거스틴은 회심 이전에 이미 자신의 거짓된 삶을 인식했다. 동양이든 서양이든 모든 인문주의 전통은 몸이 일으키는 욕망과 그로 인한 영혼의 악덕에 대해 반성한다. 자기 자신에 대한 지식은 신앙의 유무를 막론하고 사람이 사람이기 위해서 짊어져야 하는 의무다. 자아 인식을 멈춘 순간 인간은 짐승보다 낮은 위치로 전락한다. 동물이 자기 자신을 알지 못하는 것은 자연스러운 일이지만 인간이 자신을 알지 못하는 것은 잘못이다.

그런데 자기 인식이 철학과 신앙의 공통된 과제이긴 해도 둘 사이의 경계는 분명하다. 플라톤 철학은 몸 자체가 악하기 때문에 몸에서 생긴 욕망과 악덕이 영혼의 상승을 방해한다고 보았다. 성경은 몸이 선하게 창조되었지만 하나님에 대한 불순종 때문에 마음과 몸이 타락한 것으로 본다. 다시 말해 인간의 불순종이 죄의 기원이고 욕망과 악덕은 죄가 드러난 현상인 것이다. 기원을 달리 설명하지만, 욕망의 정화와 진리에 대한 갈망은 인문주의와 신학의 공통분모다.

플라톤 철학은 머리의 지혜가 가슴에서 나오는 용기의 도움으로 배의 욕망을 절제하여 지성이 최고선을 바라볼 때 정의로운 사람이 될 수 있다고 가르쳤다. 반대로 복강(腹腔)의 위와 신장, 즉 식욕과 성욕을 다스리지 못하면 무절제의 악덕에 빠지고, 흉강(胸腔)의 심장을 통제하지 못하면 비겁이나 만용의 악덕에 빠지며, 머리로 지혜를 찾지 않으면 무지에 빠지는 불의한 인간이 된다. 스토아 철학은 영혼이 욕망의 동요에서 벗어나 초탈에 이르러야 천상의 세계에 합류할 수 있다고 보았다. 현재의 선인 즐거움, 현재의 악인 슬픔, 미래의 선인 희망, 미래의 악인 두려움 등은 모두 다 이성을 혼란케 하는 동요다. 이런 혼란과 동요에서 벗어나 초탈해야 사물의 본질을 올바로 파악할 수 있다. 이를 위해 통념으로 각인된 인상에 휘둘리지 말고 영혼을 동요시키는 과거의 기억을 마음에서 지워버려야 한다.

영성 신학은 고전적 지혜를 기독교적으로 변형하여 신학적 체계를 세운다. 배의 욕망을 절제하고 가슴의 화를 제거하여 사멸할 것에 대해 동요하지 않으면 지성은 밝게 빛나 하나님을 뵙게 될 것이다! 무엇보다 탐식과 성적 무절제와 탐욕(돈에 대한 사랑)은 악덕의 요람이다. 이 세 가지 욕망이 충족되지 못할 때 화 또는 슬픔이 생긴다. 그러므로 배의 욕구를 잘 다스려 분노나 슬픔이 생기지 않도록 해야 한다. 그 외에 나태, 허영, 교만의 악덕은 앞의 여러 가지 사념이 뒤엉켜 생겨나는 것으로 보았다. 이런 사념(邪念)은 악한 영과 거의 동일시되어, 악한 영이 사념을 증폭시키거나 사념이 악한 영을 불러들이기도 한다 (cf. 엡 6.12). 마귀들과의 영적 전쟁에서 승리하기 위해서는 무엇보다 욕망의 자리인 배를 절제하면서 세상적인 것이 아니라 하나님을 갈망해야 한다. 기개와 용기의 장소인 가슴으로는 마귀와 싸워야 한다. 인간의 힘으로 이런 영적 전쟁에서 승리하는 것은 불가능하며, 성령의 도우심과 그리스도의 은혜로 영혼은 조금씩 전진한다. 욕망과 화를 정화하고 영혼이 평정으로 나아감에 따라 사랑과 감사, 온유와 겸손 등 영적 열매를 맺고 밝게 빛나는 지성으로 하나님을 만날 수 있다.

사념의 목록은 사회 문화에 따라 다양하게 구성할 수 있다. 예를 들어 어거스틴은 명예욕, 지배욕, 거짓말을 악덕으로 추가한다. 갑질은 우리 문화의 특징적인 심각한 마귀적 병폐라고 할 수 있다. 인문주의 전통의 악덕론과 영성 신학의 악덕론은 근대 서양 철학에도 깊은 자취를 남겼다. 근대 서양 철학자들 중에 악덕에 대한 글을 남기지 않는 경우는 거의 없다.

눈물과 내적 기쁨,
그리고 다양한 은사와 하나님 체험

그럼에도 영성 신학의 인간상은 고대 철학의 인간상과는 전혀 다르다. 4-5세기 영성 신학은 자기 자신에 대해 눈물 흘리는 사람이 진리에 가깝다고 보았다. 몸이 일으키는 욕망과 그 욕망으로 인한 갖가지 사념을 자기 힘으로 정화할 수 없기 때문에 이 시대의 영성가들은 자기 자신에 대해서 눈물 흘릴 수밖에 없었다. 반면 공자는 나이 육십에 이르러 하고 싶은 대로 하여도 도(道)에 거슬림이 없다고 하였으니 자신에 대해 눈물을 흘릴 필요가 없었다. 스토아 철학자이자 황제였던 마르쿠스 아우렐리우스는 "나는 지금 내 영혼 안에 어떤 악도 어떤 욕망도, 간단히 말해 어떤 동요도 생겨나지 못하게 할 능력이 있다"고 자부했다. 고대 인문주의 전통에서 눈물은 부끄러운 것이었고 비겁한 것이기도 했다. 인문주의는 자신의 힘으로 욕망을 정복하고 선과 진리에 도달할 수 있다고 자신했기 때문이다.

그러나 영혼의 힘만으로 자신 자신과 싸워 이길 수 있는 사람은 없다. 죄의 뿌리가 너무나 깊어 "나는 죄 중에 태어났고 어머니의 태 속에 있을 때부터 죄인"(시 51.5)이었으며, "나는 선을 행하려고 하는데 그러한 나에게 악이 붙어 있기"(롬 7.21) 때문이다. 자아 성찰을 통해 참된 것에 도달할 수 있다고 자부하는 인문주의 전통은 시편과 바울 신학 앞에서 깨어진다.

압바 아르세니오스는 흐르는 눈물을 닦기 위해 가슴에 손수건을 달고 다녔다. 마카리오스는 세상을 떠나기 직전 "몸을 태워 버릴 그곳으로 떠나기 전에 우리의 눈에서 눈물을 쏟아냅시다"라고 하였다. 압바 모세는 "사람은 눈물을 통해서 덕을 얻고, 눈물을 통해서 죄 사함을 얻는다"고 했으며, 압바 포이멘은 "죄 값을 지불하고자 하는 자는 눈물로 그것을 지불해야 한다"라고 가르친다. 어거스틴은 《고백록》에서 왜 타인이 부당한 비난을 받을 때는 덜 분노하고 자신이 부당한 비난을 받을 때는 더 분노하는지를 자문하면서, 자신이 앓고 있는 죄라는 병을 영혼의 의사이신 그리스도께서 고쳐 주시길 간구했다.

이렇게 영성 신학은 시편과 바울 신학의 매개를 통해 십자가 앞으로 나아감으로써 고대의 지혜 전통과 완전하게 결별한다. 진정한 자아 인식은 지성의 힘으로만은 도달할 수 없는 것이다. 오직 십자가 앞에서 눈물 어린 기도를 통해 참된 자아 인식에 도달하고 사물의 본성을 깨우칠 수 있다. 눈물이 없는 인식은 지혜가 아니라 교만이다. 눈물이 없는 앎은 자신의 한계를 은폐하기 때문에 허영이다. 결과적으로 눈물이 없는 지식은 지식이 아니라 무지(無知)다.

그런데 그리스도의 십자가 앞에서 흘리는 눈물은 신비스런 능력이 있다. "눈물을 흘리며 씨를 뿌리는 자는 기쁨으로 단을 거두기(시편 126.5)" 때문이다. 육을 절제하고 육의 욕망이 일으키는 사념들에 맞서 눈물로 싸우는 만큼 영혼은 기쁨으로 채워진다. 인류 중 어느 누구도 자신의 몸과 마음을 상대로 한 이 특이한 전쟁에서 이긴 적이 없지만, 영혼은 십자가의 은혜로 악한 영을 물리치며 조금씩 전진하며 하늘의 기쁨과 평화로 채워진다. 암마 신클레티케는 이렇게 말했다. "하나님께 다가가고자 하는 자는 처음에는 많은 애씀과 노고가 있지만 그 다음에 말할 수 없는 기쁨이 있다."

십자가 앞에서 흘리는 눈물은 영적 기쁨에서 끝나지 않는다. 말씀, 자책, 회개, 간구, 중보 의 기도 속에서 앞으로 나아가기 시작하면, 성령은 영혼의 상승에 맞추어 신적 섭리에 따라 다양한 은사와 체험을 통해 하나님의 임재를 조금씩 드러내 주신다. 믿음과 사랑, 온유와 겸손 등의 내적 덕목이 가장 큰 은사지만, 성령은 하나님의 뜻에 합당하게 여러 가지 은사를 적절하게 부어 주신다. 다가올 일을 미리 보여 주기도 하고, 신비한 것을 깨닫도록 하며, 감추어진 것을 이해하고, 은사를 나누도록 하며, 영혼이 천사들과 함께 춤추게 한다.

선택받은 이스라엘 백성이 마른 땅을 밟고 바다를 건너는 하나님의 임재를 체험했듯, 정화되는 영혼은 시련과 환란을 통과하면서 말씀이 성취되고 하나님이 함께하심을 체험한다. 시련과 환란 없이 영혼이 상승하는 법은 없다. 사람이 내게 행한 악이 오히려 나를 위한 선으로 바뀌며, 여기저기 똬리를 틀고 있던 주변의 악들이 오히려 은혜의 통로로 변한다. 원수의 눈앞에서 놀라운 상을 내게 주시며, 이리저리 채인 뒤 버려진 돌 같은 나를 어느새 머릿돌로 만들어 주신다. 기도하기도 전에 이미 응답해 주시고, 의롭지 않았는데도 나의 올바름을 정오의 태양처럼 밝혀 주신다. 이 모든 기적 속에서 하나님의 주권과 섭리를 부분적으로 알고 희미하게 보지만, 장차 완전히 알게 될 때와 장차 완전한 기쁨을 누리게 될 때를 소망한다. 이렇게 그리스도의 은혜와 성령의 도우심으로 동요를 정화하며 상승하는 영혼은 몸으로는 땅 위에서 살아가지만 영으로 하늘나라를 맛보고 있다.

> "마음이 청결한(깨끗한) 자는 복이 있나니 그들이 하나님을 볼 것임이요"(마 5:8).
> 아멘.
> 할렐루야.